本书由国家自然科学基金项目"爱恨交织，你愿意去旅游吗？——消费者敌意、善意和矛盾情感对消费者出国旅游决策的影响机制研究"（项目批准号：71802005）、北京市社科基金青年项目"数字时代下北京城市品牌形象定位及传播研究"（项目编号：17GLC068）、新疆维吾尔自治区普通高等学校人文社会科学基地基金项目"新疆纺织企业竞争力研究"（项目编号：050215C01）、北方工业大学青年拔尖人才项目"基于互联网的品牌创新研究"（项目编号：XN018037）、北方工业大学优秀青年教师培养计划"微信与蓝墨云班课在消费者行为学教学中的应用"（项目编号：XN019022）、北方工业大学优势学科项目（项目编号：18XN047）、科技创新服务能力建设 – 科研水平提高定额 – 高技术企业发展研究中心（科研类）、北方工业大学毓优团队项目（XN012/030）资助出版

新疆纺织企业品牌竞争力研究

杨一翁◎著

知识产权出版社

全国百佳图书出版单位

图书在版编目（CIP）数据

新疆纺织企业品牌竞争力研究/杨一翁著. —北京：知识产权出版社，2018.7
（工商管理学术文库）
ISBN 978 - 7 - 5130 - 5727 - 1

Ⅰ.①新… Ⅱ.①杨… Ⅲ.①纺织工业—企业竞争—品牌战略—研究—新疆
Ⅳ.①F426.81

中国版本图书馆 CIP 数据核字（2018）第 180672 号

内容提要

新疆贵为"新丝绸之路经济带"的核心区，但缺少有竞争力的纺织品牌。本书揭示了区域、公司和产品品牌形象对消费者与财务视角下的品牌竞争力的影响机制；提出了分层级的新疆纺织品牌资产模型；检验了国家、区域和公司品牌形象对消费者纺织品牌态度与购买意向的影响机制。本书在理论上进一步丰富了品牌竞争力的研究，进一步扩展了光环效应模型、品牌资产理论和理性行为理论的应用；同时在实践上对新疆纺织企业提升品牌竞争力具有参考价值。

责任编辑：江宜玲　　　　　　　　　责任校对：王　岩

装帧设计：郭明霞　　　　　　　　　责任印制：刘译文

工商管理学术文库

新疆纺织企业品牌竞争力研究

杨一翁◎著

出版发行：	知识产权出版社有限责任公司	网　　址：	http://www.ipph.cn
社　　址：	北京市海淀区气象路 50 号院	邮　　编：	100081
责编电话：	010 - 82000860 转 8339	责编邮箱：	jiangyiling@cnipr.com
发行电话：	010 - 82000860 转 8101/8102	发行传真：	010 - 82000893/82005070/82000270
印　　刷：	三河市国英印务有限公司	经　　销：	各大网上书店、新华书店及相关专业书店
开　　本：	720mm×1000mm　1/16	印　　张：	10
版　　次：	2018 年 7 月第 1 版	印　　次：	2018 年 7 月第 1 次印刷
字　　数：	170 千字	定　　价：	38.00 元

ISBN 978-7-5130-5727-1

前　言

　　本书源于笔者主持的一项科研项目：新疆维吾尔自治区普通高等学校人文社会科学基地基金项目"新疆纺织企业竞争力研究"（项目编号：050215C01）。2015 年，该项目立项时，新疆被正式确定为"新丝绸之路经济带"的核心区，这使本书的出版具有更强的现实意义。

　　新疆在历史上是古代丝绸之路的重要通道，现在贵为"新丝绸之路经济带"的核心区，拥有得天独厚的资源优势。然而，这种资源优势并没有转化为新疆纺织企业的强势竞争力。新疆纺织企业普遍竞争力不强，缺少有竞争力的纺织品牌。现有文献很少从品牌视角研究新疆纺织企业竞争力；很少探索品牌竞争力的影响因素；很少探索纺织企业品牌资产；很少探索消费者纺织品牌态度与购买意向的影响因素。

　　基于此，本书开展三项研究。第三章基于光环效应模型，使用问卷调查法与深度访谈法等，探索区域、公司和产品品牌形象对消费者与财务视角下的品牌竞争力的影响机制，发现区域品牌在消费者的纺织品购买决策中发挥光环效应；公司品牌形象对消费者纺织品购买决策的影响最为重要；产品品牌形象显著地正向影响消费者与财务视角下的品牌竞争力；新疆纺织业缺少全国与国际知名品牌，很多新疆纺织企业患有"营销近视症"，只重视产品质量，而忽视了市场需求。

　　第四章基于品牌资产理论以及 Aaker 模型、Keller 模型、BAV 模型、BrandZ 等品牌资产模型，使用深度访谈法、焦点小组访谈法和问卷调查法等，探索纺织企业品牌资产的构成维度，以及各个维度之间的关系，发现纺织企业的品牌资产包括六个维度：品牌知名度、感知质量、品牌个性、公司形象、品牌评价和品牌共鸣。这六个维度分为四个层级，第一层级为品牌知名度；第二层级为感知质量、品牌个性和公司形象；第三层级为品牌评价；第四层级为品牌共鸣。

第五章基于理性行为理论与光环效应模型，使用问卷调查法，探索区域、国家和公司品牌形象之间的关系，以及三者对消费者纺织品牌态度与购买意向的影响机制，发现区域品牌形象对消费者纺织品牌态度与购买意向存在如下影响路径：区域品牌形象→消费者态度→消费者购买意向；国家与区域品牌形象均通过中介变量公司品牌形象进一步影响消费者纺织品牌态度，并最终影响消费者纺织品牌购买意向。

本书将进一步丰富光环效应模型在品牌研究领域的应用；进一步丰富品牌竞争力理论研究；进一步丰富品牌资产理论；进一步丰富理性行为理论在区域品牌研究领域的应用；进一步丰富区域、国家和公司等品牌理论研究。根据上述研究成果，本书建议新疆纺织企业：使用公司品牌战略，树立卓越的公司品牌形象；充分利用新疆区域品牌的光环效应，打造新疆特色纺织品牌；积极主动地进行转型升级，提高产品附加价值，打造高端纺织品牌；分四个步骤打造有竞争力的纺织品牌；分三个阶段打造有竞争力的国际知名纺织品牌。

本书得以顺利出版，我首先想感谢我的师兄新疆财经大学工商管理学院李季鹏副教授，他为本书研究框架的构建提出了很多建设性的建议；其次，我想感谢我的学生菲鲁娜，她为本书的数据收集工作做出了巨大的贡献；最后，我想感谢知识产权出版社的江宜玲编辑，她为本书提供了很多宝贵的修改意见。

杨一翁

2018 年 4 月于北京西山北方工业大学

目　录

第一章　绪　论

第一节　研究背景

一、现实背景

（一）"一带一路"倡议背景

2013 年 9 月，中国国家主席习近平在首次出席上海合作组织峰会并访问中亚四国时，提出了共同建设"丝绸之路经济带"的倡议构想。2013 年 10 月，习近平主席在出访印度尼西亚期间又提出了建设"21 世纪海上丝绸之路"的构想。至此，"一带一路"伟大倡议中的"丝绸之路经济带"与"海上丝绸之路"的构想初步成型。2013 年 11 月，党的十八届三中全会将"一带一路"倡议构想正式写入了全会决定。2014 年 3 月，中国"两会"召开之际，国务院总理李克强在向十二届全国人大二次会议所做政府工作报告中正式提出，要"抓紧规划建设丝绸之路经济带、21 世纪海上丝绸之路，推进孟中印缅、中巴经济走廊建设，推出一批重大支撑项目，加快基础设施互联互通，拓展国际经济基础合作新空间"。这表明，国家已经从战略层面将"一带一路"与"两个走廊"建设联系起来进行高层规划。2014 年 4 月，"一带一路"成为博鳌亚洲论坛 2014 年年会讨论的重要主题之一。2014 年 11 月，在北京举行的 APEC 会议期间，中国政府承诺出资 400 亿美元成立"丝路基金"，为"一带一路"倡议沿线国家基础设施、资源开发、产业合作和金融合作等与互联互通有关的项目提供投融资支持平台，这表明"一带一路"伟大倡议已经开始逐渐走向落实。2014 年 11 月，习近平主席在主持召开的中央财经领导小组第八次会议上专门强调"推进'一带一路'建设，要诚心诚意对待沿线国家，做到言必信、行必果。要本着互利共赢的原则同沿线国家开展合作，让沿线国家得益于我国发展。要实行包容发展，坚持各国共享机遇、共迎挑战、共创繁荣"。2018 年 3 月，国务院总理李克强在第十三届全国人民代表大会第一次会议上做政府工作报告时，认为"一带一路"建设成效显著，强调继续推进"一带一路"国际合作。近五年，"一带一路"倡议逐步走向落实，取得了辉煌的成果。

"一带一路"是中国结合当前世界发展新格局制定的具有全局性、突破性和前瞻性的国家重大战略，是具有历史渊源、大范围和深层次的国际区域经济合作平台，是为深入推动全球化而构建的新的经贸、金融和人文等合作发展架构与模式。"一带一路"倡议的提出引起世界沿线国家的广泛共鸣，"共商、共建、共享"的和平发展、共同发展理论广泛传播，沿线 60 多个国家响应参与，并与它们各自的发展战略积极对接，成为一种共同的战略取向，成为极具活力与潜力的国际经济合作发展实践，这是空前与罕见的。"一带一路"倡议刚一问世就成为世界上最具影响力、最有操作前景的发展战略理论之一，成为中国与沿线国家区域共同发展的共同地缘经济财富和推动经济全球化向前发展的重大理论创新，这同样是空前与罕见的。

在"一带一路"倡议背景下，中国品牌国际化的速度正在加快，如何打造真正有竞争力的国际知名品牌？如何逆转国际上对"中国制造"偏向负面的刻板印象？这是所有中国企业与中国品牌共同面临的重要战略课题。

（二）新疆在"一带一路"倡议中的重要地位

2015 年 3 月，经国务院授权，中国国家发展与改革委员会、外交部、商务部联合发布了《推动共建丝绸之路经济带和 21 世纪海上丝绸之路的愿景与行动》，提出要以政策沟通、设施联通、贸易畅通、资金融通、民心相通"五通"为主要内容，打造利益共同体、命运共同体和责任共同体。其中对新疆维吾尔自治区在国家战略中的定位给予了明确表述："发挥新疆独特的区位优势和向西开放重要窗口作用，深化与中亚、南亚、西亚等国家交流合作，形成丝绸之路经济带上重要的交通枢纽、商贸物流和文化科教中心，打造丝绸之路经济带核心区。"新疆被正式确认为"新丝绸之路经济带"的核心区。该愿景与行动还提出发挥新疆亚欧大陆桥核心地带的地缘优势、四大文明（希腊、埃及、印度和中国）的交会优势、资源的富集优势。利用经济社会发展的黄金时期，把新疆建设成丝绸之路经济带的区域交通枢纽中心、商贸物流中心、金融中心、文化科教中心和医疗服务中心，以及国家大型油气生产加工和储备基地、大型煤炭煤电煤化工基地、大型风电和光伏发电基地。这表明：新疆在"一带一路"建设中成为向西开放的桥头堡，是"一带一路"建设中的核心区，迎来了千载难逢的黄金发展机遇。

当前，新疆缺少有竞争力的国内知名品牌，其国际知名品牌更是凤毛麟角，如何利用"一带一路"这一千载难逢的战略机遇实现转型升级，打造真正有竞争力的新疆知名品牌？如何让新疆品牌走向"一带一路"沿线国家乃至更广阔的全球市场？这是所有新疆品牌面临的重大战略课题。

（三）新疆纺织业发展概况

纺织业是新疆优势资源转换的传统支柱产业和重要的民生产业，也是新疆提高就业容量和就业水平的基础产业，在全国纺织工业体系中也具有独特的重要地位。长期以来，新疆纺织业在吸纳就业、增加收入、改善民生、支持农牧业相关产业发展等方面发挥着不可替代的作用，对促进就业特别是南疆地区就近就业、维护社会稳定和实现长治久安都具有重要的意义。

"十二五"（2011—2015 年）以来，新疆纺织工业总体保持了持续稳定的发展。特别是自 2014 年新疆维吾尔自治区《发展纺织服装产业带动就业规划纲要（2014—2023 年）》以及 2015 年国务院《关于支持新疆纺织服装产业发展促进就业的指导意见》发布以来，伴随一系列重要政策的实施，大大推动了新疆纺织工业投资，有效改善了新疆纺织工业的运营质量和效益，就业和民生效应显著提高。

"十二五"期间，新疆维吾尔自治区纺织服装产业在规模效益、技术结构、产业布局、吸纳就业以及品牌建设等方面都取得了长足进步，有力地推进了发展纺织服装产业带动就业战略的实施。具体取得了如下成就。

1. 规模效益稳步改善，主要产品保持增长

2015 年，新疆全区规模以上纺织企业实现主营业务收入 226.0 亿元，工

业增加值 47.48 亿元，同比增长 5.7%，"十二五"期间年均增长 4.77%；2015 年规模以上纺织服装企业实现利润总额 14.7 亿元，是 2014 年的 1.6 倍，利润率比全国纺织工业平均水平高 1.1%，行业效益显著改善。2015 年全区棉纺产能 1000 万锭，较 2010 年增长了一倍，位于西部十二省（市）前列。生产各类纱线 60.23 万吨，同比增长 40.07%，是 2010 年的 1.45 倍；规模以上企业服装产量达 4110.55 万件，同比增长 91.3%，是 2010 年的 2.83 倍。

2. 承接转移成效显著，优势企业快速成长

随着新疆资源优势禀赋的日益显现及投资环境的改善，尤其是发展纺织服装产业促进就业的政策实施以来，新疆承接国内外尤其是东部沿海省市纺织服装产业转移步伐明显加快。2015 年，新疆纺织工业累计完成固定资产投资 317.9 亿元，同比增长 231%，"十二五"时期年均增长 55.8%；近年来，国内外纺织服装企业来新疆投资新建、重组棉纺织产能规模占到全疆总产能规模的 85% 左右，黏胶占到 90% 以上。在投资新建、重组新疆纺织服装的企业中，有全国纺织 500 强和国内外知名企业 40 余家，其中上市企业共计有 11 家。这些企业都有下游产业链支撑，产品市场占有率高、企业整体实力强，已成为新疆纺织服装产业持续快速发展的生力军。

3. 区域布局日趋合理，产业结构逐步优化

近些年来，乌鲁木齐—昌吉、石河子—奎屯、库尔勒—尉犁、阿克苏—阿拉尔、喀什地区已经初步形成纺织产业聚集区，其中棉纺织产能中环锭纺和气流纺分别占到全疆总产能的 88% 和 79%，浆粕和黏胶纤维产能均占全疆产能的 95%。在"三城七园一中心"❶ 产业布局的基础上，各地抢抓发展机遇，在发展中逐步探索符合当地基础条件和比较优势的特色化、差异化发展道路，集聚效应进一步显现。自治区纺织服装生产项目的技术装备水平达到了国内领先水平，其中棉纺织产业中的清梳联、精梳机、自动络筒机、无梭织机等关键装备所占设备总量的比重达 62%，高于全国平均水平。服装服饰等劳动密集型产业增长明显，产值占全产业链的比重达到 5%。

4. 就业容量持续扩大，培训模式灵活多变

随着人才技能培训日益加强，全区纺织服装产业容纳就业人数持续增长，

---

❶ "三城"即阿克苏纺织工业城、石河子纺织工业城、库尔勒纺织工业城；"七园"即哈密、巴楚、阿拉尔、沙雅、玛纳斯、奎屯、霍尔果斯；"一中心"即乌鲁木齐纺织品国际商贸中心。

到 2015 年年底纺织服装产业从业人数达到 27.5 万，比 2010 年增长 60% 以上。同时，为解决纺织服装产业发展的人才短缺问题，自治区采取了多渠道、多层次的培训方式，实施"新疆服装产业创业和管理人才培训项目"，积极选派优秀创业人才到知名服装企业进行生产、管理和营销培训，努力采取专业技术学校培训和企业培训相结合的方式对新员工进行岗前培训，充分依托东华大学、北京服装学院等国内纺织服装高等院校对设计人才进行系统培训，为自治区纺织服装产业发展提供人才支撑。

5. 品牌建设初见成效，特色产业积极发展

近些年来，新疆纺织服装企业在品牌培育方面成绩突出，"壹俐绮""爱勒塔记""美丽亚娜""胖妇人"和"古再丽"等民族服装品牌在亚欧丝绸之路服装节上获得"新疆十大民族服装品牌"称号，成为新疆服装产业的"名片"，为新疆纺织服装产业发展注入了活力。同时，新疆际华七五五五职业装有限公司、新疆舒特工贸有限公司等 11 家单位先后获评"新疆十大职业服装品牌企业"。同时，在自治区各级政府"短平快"项目的扶持下，民族服饰、地毯编织、手工刺绣等新疆特色纺织业得到了飞速发展。从事手工编织的妇女将近 20 万人，年创造产值 7 亿元左右，人均增收 3500 元，呈现出政府牵头、协会组织、农户参与的多层次、网络化、机制化、广覆盖模式，形成南疆以和田地区为中心，北疆以伊犁哈萨克自治州为中心，新疆生产建设兵团为补充的区域发展格局。

6. 出口金额平稳增长，商贸物流加快推进

新疆是我国主要的纺织品服装出口省区之一，也是向中亚地区出口最大的省区。"十二五"期间，新疆纺织品服装出口额呈现先升后降的态势，2013 年纺织品服装出口额达 82.2 亿美元，比 2010 年增长 34.4%。受国际贸易环境影响，2015 年出口额为 45.6 亿美元，同比出现较大幅度下降。集加工、交易、物流等为一体的乌鲁木齐国际纺织品服装商贸中心，通过"以商促贸、以贸带工、工贸联动"的方式，已经成为连接国内、面向国际、集多功能于一体的"一站式"大型纺织品服装电子智能化国际商贸口岸。新疆陆续开通了多趟国际货运专列，远赴格鲁吉亚、俄罗斯以及土耳其等地。国际货运班列的开通，不仅将新疆的产品发往更多国家和地区，还吸引了内地更多出口中亚、俄罗斯和欧洲的纺织品服装企业赴疆投资设厂，有助于将新疆建设成为我国纺织品服装向西出口的桥头堡和服装出口加工基地。

综上，在"十二五"期间，新疆纺织业取得了一定的发展成果，未来新疆纺织业想要进一步发展壮大，实施品牌国际化战略，打造有竞争力的新疆纺织品牌，拥有哪些优势与劣势？存在哪些机遇与威胁？下文对新疆纺织业进行SWOT分析。

（四）新疆纺织业SWOT分析

1. 新疆纺织业优势

（1）区位优势。新疆地处亚欧大陆腹地，是希腊、埃及、印度和中国四大文明的交会地，同时也是基督教、伊斯兰教和佛教三大宗教的交会地。新疆在历史上是"古丝绸之路"❶的重要通道，农耕文明与草原文明交会于此。新疆现在是第二座"欧亚大陆桥"❷的必经之地，战略位置十分重要。新疆陆地边境线5600多公里，周边与俄罗斯、哈萨克斯坦、吉尔吉斯斯坦、塔吉克斯坦、巴基斯坦、蒙古国、印度、阿富汗8个国家接壤，是我国陆上邻国最多的地区，拥有29个对外开放口岸（含17个一类口岸与12个二类口岸）。新疆纺织服装产品可通过对外口岸经陆路出口至中亚及欧洲国家，伴随"丝绸之路经济带"倡议实施，新疆可充分依托国际铁路联运大通道，向西出口纺织品服装等货物，从而有利于吸引纺织服装出口加工型企业来新疆投资建厂。未来新疆将积极对接"丝绸之路经济带核心区"建设区域性交通枢纽中心、商贸物流中心、金融中心、文化科教中心、医疗服务中心，汇集大量优势资源，具有较高的市场容量和开发潜力，将对我国西部地区、中亚地区形成强有力的辐射带动作用，城乡一体化进程加快，居民消费力持续增长，国内外交流日益增进，为新疆纺织业发展提供广阔发展空间。

（2）资源优势。

① 新疆是中国乃至世界最重要的优质商品棉生产基地。相对于我国其他植棉区，新疆棉区日照时间长、降雨量少，具有较强的植棉优势。早在1995

---

❶ "古丝绸之路"东起长安，西至罗马，是中国与欧亚大陆之间重要的商贸、文化交流通道。

❷ "欧亚大陆桥"为欧洲与亚洲两侧海上运输线连接起来的便捷运输铁路线。现有三条已运行，两条规划中。

年，国务院就启动了新疆优质棉基地建设，棉花已成为新疆的支柱产业和农民收入的重要来源，在新疆经济发展中占据举足轻重的地位。原棉产值达到300亿元，占全疆种植业产值的65%和农林牧渔业总产值的1/3；棉花收入占全区农民收入的35%，占南疆主产区农民收入的60%；棉花加工产值占全疆工业产值的60%~80%；全疆15%的财政收入、产棉县50%的财政收入来自棉花及其相关产业。在发展过程中，新疆逐步形成了以"精量播种""早密矮栽培""膜下滴灌"与"全程机械化"相结合的高产植棉模式，棉花单产比全国平均水平高出30%~40%，新疆棉花单产的提高对全国单产水平的贡献率达到近50%。2017年，新疆棉花种植面积、产量、质量均呈现出稳步增长态势，棉花播种面积2896.61万亩，占全国比重超过60%；棉花产量408.2万吨，占全国比重超过74%；优质棉花产量占全国比重达67%。新疆棉花总产量占全国比重连续两年超过70%，这表明新疆棉花成为国内棉花供给重要支柱，全国"一枝独秀"的供给格局已经形成，而且未来这一趋势仍将延续。此外，新疆是我国长绒棉生产基地和最大的彩棉生产基地。长绒棉产量占全国的90%以上，长绒棉是顶级纺织品、高档家纺和服装等的关键材质，为新疆打造高端纺织品牌奠定了原材料基础。

② 新疆羊绒质量全国领先。中国畜产流通协会2016年7月的统计数据显示，全球羊绒的年产量在1.8万吨，中国的羊绒产量占据全球的60%~70%，而新疆的羊绒产量在1200吨左右，约占全球羊绒产量的6.67%。不仅产量高，新疆羊绒、羊毛质量也领先。从洁白度、纤维长度和洗净度等指标来看，新疆的羊绒、羊毛质量全国领先，新疆羊绒产品一直比较受国内外生产商喜欢。与内蒙古等地的羊绒相比，新疆羊绒的纤维要更加细腻、短小一些，新疆羊绒制作出来的羊绒衫、羊绒被、羊绒披肩等产品具有轻、薄、软的特点，相对来说穿着更为舒适。

③ 新疆地域辽阔，企业土地使用成本低，是中国面积最大的省级行政区。新疆全区国土总面积166.49万平方公里，其中61.36%为未利用土地，有15.32亿亩，可供开发利用的戈壁荒滩土地资源极为丰富，且不占用耕地，土地成本低廉，对于纺织企业而言能够大幅降低厂房及配套设施建设的成本。2014年7月，新疆维吾尔自治区人民政府在《发展纺织服装产业带动就业规划纲要（2014—2023年）》中提出，利用专项资金支持园区自建或引导社

会投资建设标准厂房，对租用服装标准厂房进行生产的中小企业和非公企业，给予免租或租金补助。这一政策进一步降低了新疆纺织企业的用地成本。

④新疆电力资源丰富，企业用电成本低，为能源大省。据新疆维吾尔自治区发展和改革委员会的数据，截至2017年年底，新疆电网联网运行发电装机容量8219.9万千瓦，其中新能源和可再生能源发电装机容量3405.2万千瓦，占总装机容量的41.43%，总发电量持续增长。与全国平均水平相比，新疆电力成本低，2015年全国平均售电价为643.33元/千千瓦时，而新疆仅为436.81元/千千瓦时，为全国最低之一。纺织企业生产成本中电力成本约占10%，考虑到新疆给予企业0.03元/千瓦时生产用电的价格补贴，实际用电价格更加低廉。这为新疆纺织企业提供了巨大的成本优势。

综上，新疆纺织业发展的优势主要在于独一无二的区位优势及资源优势，这些优势自古就有，是客观存在的。

2. 新疆纺织业劣势

（1）产业发展结构不尽合理。新疆纺织原料及加工制造产品品种均较为单一，投资企业多集中于棉纺等产业链上游，服装家纺终端行业企业转移入疆的步伐相对缓慢，向下游延伸的深加工产品发展不足，同时产业配套能力较差。从新疆口岸出口的纺织品服装绝大部分为内地企业加工生产，新疆纺织服装企业出口交货值仅占新疆口岸纺织品服装出口额的2%左右。本地生产服装也仅占全区服装消费量的10%。新疆绝大多数出口和本地消费的纺织服装产品为内地生产运入，基本上还属于"通路型"经济，商贸流通和专业市场对本地纺织品服装制造业的带动作用不强，区位优势尚未转化为新疆纺织产业优势。

（2）劳动力与物流成本较高。受整体教育水平不高、语言交流不畅、传统习惯不同、全员劳动生产率较低、员工流失率偏高等影响，新疆纺织服装企业的员工招聘成本、培训成本以及工资成本都要高于我国东中部地区同类型企业。同时，新疆地域辽阔且在空间距离上远离下游市场，新疆纺织服装企业在运输产品过程中所耗费的时间和费用均要高于内地企业，拉高了新疆纺织服装企业的运输成本。新疆地处偏远，再加上安全等方面的考虑，难以吸引与留住高端人才。

（3）向西市场开拓力度不足。受自然环境、周边国家经济发展水平、国际经贸合作关系等多方面因素影响，目前新疆向西开放的国际通道尚不通畅，仍存在诸多瓶颈制约，沿线交通、口岸、通信等基础设施不完善，各国间经贸及海关合作关系尚未全面理顺，新疆与容量最大的欧洲市场尚不能完全实现顺畅连接，作为我国向西开放最重要门户的潜在优势还没有得到充分发挥。

（4）生产性服务业发展滞后。受目前新疆经济发展阶段、工业发展水平、高端人才集聚能力等因素制约，支持新疆纺织服装产业发展的设计研发、检验检测、商贸流通、现代物流、营销策划、高端咨询服务等生产性服务业发展明显滞后。行业创新能力有待提高，《2015 年全国科技经费投入统计公报》显示，2015 年新疆纺织业和纺织服装服饰业的研发经费投入强度❶分别为 0.29 和 0.26，远低于全国纺织行业平均水平（0.52），严重影响了新疆纺织服装产业向研发设计和营销策划等附加值较高的产业链环节延伸。

（5）融资渠道发展不够完善。金融是新疆纺织业转型升级、提高竞争力的重点生产性服务业。然而，当前新疆地区的融资产品种类较为单一、融资渠道较为狭窄，私募债、企业债等多元化融资方式缺乏，融资担保体系不够完善，新疆融资担保机构规模小、担保能力弱、风险补偿机制不完善，同时银行机构对融资性担保机构业务准入条件过高，这些都影响着新疆纺织服装企业的快速发展壮大。

（6）纺织品牌竞争力不够强。根据十大品牌网的数据，新疆仅有天山纺织位列中国十大羊绒衫品牌，而在家纺、纺织面料和毛线等纺织品类上新疆均无品牌进入全国前十。在中国棉纺织行业协会于 2017 年 3 月发布的"2016 年中国棉纺织行业主营业务收入 100 强"榜单上，难觅新疆纺织品牌的踪影。可见，当前新疆缺少有竞争力的国内知名品牌，打造国际知名品牌更是任重道远。

（7）品牌形象传播力度不够。第一，由于语言的障碍与翻译的困难，新疆的多元文化不能为生活在疆外的人民群众所了解。第二，在当今互联网时

---

❶　研发经费投入强度：指研发经费支出与销售收入的比例。

代,新疆对外传播的网络平台较少。天山网是新疆唯一一家重点新闻网站,现在共有中、俄、维、英、哈五个语种的八个版面,网站排名居新疆之首。然而,天山网集中于政府新闻,其他类导航字体小,文化语篇的介绍只采用单调的语言模态或以语言模态为主,呈现的内容缺乏整体性与互动性,难以突出新疆地方特色。第三,新疆区域品牌形象传播方式以单向传播为主(新疆政府、相关管理机构→大众),双向沟通较少。相关社交媒体平台较少,难以与新疆区域品牌建设的利益相关者进行充分互动,难以引起各方利益相关者的共鸣。

小结以上,新疆纺织业发展的主要劣势在于缺少高端纺织品牌,品牌国际化程度不高、品牌传播力度不够、缺少高端人才、资金不够充分、研发创新投入不够。上述劣势不是不可逆转的,通过人为努力可以克服,提升新疆纺织企业竞争力重在人为。

3. 新疆纺织业发展机会

(1)新疆经济高速增长为新疆纺织业发展营造良好大环境。自从 2010 年中央新疆工作座谈会,以及 2014 年第二次中央新疆工作座谈会召开以来,新疆跨越式发展取得了巨大成效。2010 年,新疆 GDP 突破 5000 亿元、2011 年突破 6000 亿元、2012 年突破 7000 亿元、2013 年突破 8000 亿元、2014 年突破 9000 亿元、2017 年突破 1 万亿元。新疆主要经济指标增速居全国前列。2013 年,新疆经济增速自 1991 年以来首次进入全国前十位。此后几年,新疆经济增速连续数年跻身全国前十。2017 年,新疆 GDP 达到 10920.09 亿元,比上年增长 7.6%。其中,第一产业增加值 1691.63 亿元,同比增长 5.6%;第二产业增加值 4291.95 亿元,同比增长 5.9%;第三产业增加值 4936.51 亿元,同比增长 9.8%。从贡献程度来看,第一产业对经济增长的贡献率为 12.1%,第二产业为 29.7%,第三产业为 58.2%,第三产业已经成为拉动新疆经济增长的第一动力。2017 年,新疆居民人均可支配收入 19975 元,比上年增长 8.8%,扣除价格因素,实际增长 6.5%;新疆居民人均消费支出 15087 元,比上年增长 7.3%,扣除价格因素,实际增长 4.9%。由以上数据可见,新疆已经坐上了一列经济高速发展的列车,这为新疆打造有竞争力的纺织品牌营造了良好的宏观环境。

(2)丝绸之路经济带核心区建设为新疆纺织业发展创造新机遇。新疆作为丝绸之路经济带核心区意义重大。新疆利用地缘便利、口岸和中西文化交融优势，以纺织进出口贸易、境外投资等多种形式，由近及远拓展中西南亚、俄罗斯和欧洲市场，带动纺织服装产业和相关生产性服务业发展，也是新疆真正发挥丝绸之路经济带核心区作用，建设经济带上连接欧亚的区域性交通枢纽中心、商贸物流中心和金融中心等的有效途径。同时，随着一大批交通、能源通道等重大基础设施建设项目的加快推进，可以有效破除新疆区域内经济发展不平衡的难题，实现南北疆协调发展，尤其是带动南疆等少数民族人口集中地区的发展。

（3）重大政策出台为新疆纺织业发展提供新支持。

2014 年 7 月，新疆维吾尔自治区人民政府出台了《发展纺织服装产业带动就业规划纲要（2014—2023 年）》。相关政策措施将对新疆纺织服装产业发展产生深远影响。例如：第一，政府出资并鼓励社会投资建设服装标准厂房，对租用服装标准厂房进行生产的中小企业和非公企业，给予免租或租金补助，这进一步降低了新疆纺织企业成本。第二，严禁淘汰落后设备转入新疆，这将促使新疆纺织企业转型升级。第三，将纺织服装企业缴纳的增值税，全部用于支持纺织服装产业发展。第四，优化纺织服装产业发展布局，形成"三城七园一中心"。政策带动了新疆纺织业投资的增加。根据中国纺织网报道，2014—2017 年，新疆纺织服装产业固定资产累计投资额为 1362.25 亿元，从 2014 年在全国占比 0.9% 提高到 2017 年的 3.47%，成为我国西部 12 个省区投资额和承接产业转移企业数量最多的地区。

2015 年 6 月，国务院办公厅印发了《关于支持新疆纺织服装产业发展促进就业的指导意见》，对推动新疆纺织服装产业健康发展、促进新疆各族人民就业创业做出了部署。提出到 2020 年，实现新疆纺织服装产业整体实力和发展水平提升，就业规模显著扩大，基本建成国家重要棉纺产业基地、西北地区和丝绸之路经济带核心区服装服饰生产基地与向西出口集散中心。明确了八方面的重点任务：一是合理布局产业发展；二是有序推进产业进程；三是有效承接东中部产业转移；四是积极培育特色产业和中小企业；五是大力开拓国内外市场；六是加快完善园区基础设施；七是配套发展生产性服务业；八是加强职业技能培训和人才培养。

2017 年 12 月，新疆维吾尔自治区经济和信息化委员会规划与投资处发布了《新疆维吾尔自治区纺织工业"十三五"发展规划》。该规划提出到 2020 年，新疆棉纺业规模保持适度发展、避免过快过热投资，同时棉纺业技术水平居国内前列，服装服饰、家纺、针织行业取得明显发展，出口产品新疆生产比重大幅提高，民族服装服饰、新疆地毯等特色产业培育成效显著，黏胶、印染清洁生产和污染治理水平全面达到行业准入要求，商贸流通对产业发展的带动作用明显增强，产业整体实力和发展水平得到明显提升，就业规模显著扩大，南疆四地州产业和就业规模在全疆的比重明显提高，创新驱动和内生发展能力进一步增强，使新疆成为替代转移全国纺织业基础产能的新基地、打造中国纺织行业转型升级的示范区、引领产业技术标准品牌发展的新潮流和中国纺织服装产业向西开放的新突破。该规划提出行业增长目标、结构调整目标和绿色发展目标三大目标。一是行业增长目标：到 2020 年，工业总产值达到 1500 亿元，年均增速超过 40%；工业增加值达到 380 亿元，年均增速超过 45%；棉纺产能达到 1800 万纱锭（含气流纺）；棉织机 2 万台；针织品 3 万吨；家纺产品 1500 万套；黏胶产能控制在 90 万吨以内；服装服饰产能达到 5 亿件（套）；就业 60 万人。科技创新和品牌建设能力明显增强，行业运行质量和效益显著改善，相关服务业获得长足发展，就业岗位大幅增加。二是结构调整目标：到 2020 年，新疆棉花总用量达到 100 万~120 万吨，服装家纺等终端劳动密集型产业规模显著扩大，产值占行业总产值的比重超过 30%。南疆四地州纺织服装产业取得重大发展，产值占全疆总产值比重超过 40%。三是绿色发展目标：纺织绿色经济、循环经济和低碳经济在全国处于领先水平，各类污染物达标处理率实现 100%，单位工业增加值能耗、单位工业增加值用水量、主要污染物排放量等节能减排目标满足国家的约束性指标要求，印染行业水重复利用率明显高于全国平均水平。

2018 年 2 月，新疆维吾尔自治区纺织服装就业工作领导小组出台了《新疆纺织服装产业发展规划（2018—2023 年）》。该规划提出到 2023 年，达到棉纺产能 2000 万锭规模，织机超过 5 万台，针织面料 25 万吨，服装服饰达到 8 亿件（套），全产业链就业容量达到 100 万人。该规划提出到 2023 年，新疆棉纺行业装备和技术水平居国内前列，服装、家纺和针织产业持续发展能力进一步增强，织造、印染等中间环节得到加强和提升，黏胶、印染清洁生产和污染治理达到国内先进水平，纺织化纤与石化产业协同发展基本形成，企业技术创新能力和内生动力进一步增强，产品质量和区域品牌显著提升，产业发展环境持续改善，全行业整体实力和发展水平迈上新台阶，实现发展纺织服装产业带动百万人就业目标。在重点领域方面，明确了优化提升棉纺产业，协同推动化纤产业，融合发展织造产业，优先壮大服装、家纺和针织产业，加快培育产业用纺织品，高标准适度发展印染产业六个领域。在重点任务方面，明确了以就业为导向，以南疆为重点，贯彻新发展理念，培育产业内生动力，营造产业生态环境，推动产业健康持续发展。一是全力构建面向服装、家纺和针织的来料加工服务体系；二是加大市场开拓步伐；三是提高产业绿色发展水平；四是提升产业创新发展能力；五是大力实施"增品种、提品质、创品牌"战略；六是加大精准招商引资力度；七是加强人才队伍建设。

小结以上，一系列重大利好政策为新疆加快发展纺织工业创造有利时机。大力发展纺织服装产业对优化新疆经济结构、扩大就业规模、推动新疆特别是南疆各族群众稳定就业、加快推进新型城镇化进程，促进新疆社会稳定和长治久安具有重要意义。随着大力发展纺织服装产业促进就业等政策的贯彻实施，国家及自治区针对新疆纺织服装行业在运费、职工培训和社保补贴、基础设施建设、标准厂房建设、技术改造等方面出台了一系列大力度政策支持，为东中部地区纺织产业向新疆地区转移带来重大利好因素。"十三五"时期，将会是新疆地区承接产业转移、加快发展纺织服装产业的重要战略机遇期。

（4）国内外市场需求稳步拓展为新疆纺织业发展释放新潜力。新疆本地及周边省份消费市场对新疆纺织服装产业而言具有一定可供开发的空间。新疆居民人均衣着消费支出的绝对额和增长速度均高于全国平均水平。目前，新疆及周边的甘肃、青海、内蒙古、宁夏、西藏等地每年衣着消费总额约占国内消费总量的7%，但服装产量合计只占全国总产量的0.2%。"十三五"时期，随着城乡居民收入增长、城镇化率提高、城乡差距缩小给国内纺织消费需求扩大带来强有力支撑，改善型纺织品服装消费有较大的增长潜力。在"消费升级"的大背景下，为新疆纺织业转型升级，打造高端纺织品牌，获取丰厚的品牌溢价提供了机遇。新疆建设丝绸之路核心区，交通等基础设施建设力度加大，环境治理、卫生保健、安全防护、农业现代化等方面对产业用纺织品需求也将进一步增长。

在国际市场方面，新疆地处亚欧大陆腹地，西临中亚五国，北与俄罗斯和蒙古相接，西南又与印度、巴基斯坦、阿富汗三国毗邻，经过欧亚大陆桥进而通往中东、欧洲，是向西开放的重要枢纽。中亚五国是新疆纺织品服装第一大出口市场，占新疆全部纺织品服装出口额的 86.3%。俄罗斯是我国第五大纺织品服装出口国家，与新疆有地缘便利，出口增长潜力较大。欧盟是世界第一大纺织品服装消费市场。新疆对欧盟 28 国出口量仅占全疆出口量的 0.7%，发展潜力尚未发挥出来。随着"丝绸之路经济带"倡议不断向纵深推进，中欧国际货运班列等西行班列运行日益成熟，中巴铁路、中吉铁路等建设将进一步改善南疆地区向西通道，新疆向西开放的优势显著提升，将大幅提升新疆开拓国际市场的力度和规模。

同时，周边国家轻纺产业普遍比较薄弱，与新疆产业发展互补性较强，积极利用周边国家和地区的原料资源、国际市场准入条件等优势，大力开展跨国产业布局和产业链合作，对促进新疆纺织服装产业国际经贸合作与发展具有广阔的发展空间。

（5）技术创新加速为新疆纺织业发展指明新方向。国际金融危机以来，全球纺织科技创新进程明显加快，为纺织行业技术进步提供更好的物质基础和更广阔的创新维度，纺织新材料、高技术、功能性纺织品及高端装备等关键领域的先进技术不断涌现。信息网络技术与制造业融合日益加深，在促进纺织加工技术装备向数字化、网络化、智能化方向提升的同时，全面变革纺织制造模式、生产组织形式及市场营销方式的趋势已然显现，为全球产业链、供应链加强资源整合、提高运行效率创造了有利条件。新形势下，先进的技术研发、装备升级、产品创新为新疆纺织服装行业的高起点建设提供了基础、为新疆纺织服装行业将消费市场、区域布局等外部机遇转化为现实发展动力都创造了有利条件。

（6）跨境电子商务快速发展为新疆纺织业发展增添新动力。在"互联网＋"时代背景下，纺织服装行业电子商务已经成为纺织服装企业拓展渠道、打造品牌、构建快速反应供应链的有效方式。同时，跨境电商正在成为外贸出口市场的中坚力量，这将逐步重塑新疆纺织服装行业电子商务利益分配新格局。新疆是面向中西亚等周边国家市场的小商品进出口基地，目前已形成了一批跨境电子商务示范企业。2014 年 8 月，首趟乌鲁木齐至阿拉木图的新疆丝绸之路西行国际货运班列邮政列车成功发行，开创了全国首次铁路货运列车运输国际邮件（跨境电子商务）的先河，打通了跨境电子商务亟须解决的运输"壁垒"，为新疆发展纺织服装行业跨境电商注入活力，也为新疆依托霍尔果斯、喀什等特区、口岸成为跨境电子商务的物流中心、人才中心、交易中心、结汇中心、服务中心提供了坚实保障。因此，牢牢抓住当前国家鼓励发展电子商务特别是跨境电商政策机遇，将有利于弥补新疆远离东部市场的劣势和新疆特色品牌产品的国际化推广。

小结以上，新疆纺织业发展的主要机会在于新疆经济持续高速增长、一系列重大利好政策、国内外需求潜力的释放、技术创新为转型升级提供的有利条件，以及"互联网＋"时代背景下电子商务的迅速发展。

4. 新疆纺织业发展面临的威胁

（1）国际上对中国与新疆的负面"刻板印象"❶。第一，很多外国人至今仍对中国持有负面的"刻板印象"（江红艳，王海忠，2011），他们对新疆也抱有偏见，认为新疆经济落后、民族问题严重。导致该现象的部分原因在于中国的国家形象与新疆的区域品牌形象对外传播力度不够，导致外国人对中国与新疆不了解。第二，近期"中国威胁论"又有升温的趋势，也有部分外国媒体谣传新疆民族不和谐、不团结、缺乏文明。如果国际大众对中国与新疆仍然持有负面"刻板印象"，两者的消极光环效应可能导致"城门失火，殃及池鱼"的现象发生，使国际大众对来自中国与新疆的纺织公司，以及对来自中国与新疆的纺织品牌与纺织产品的评价降低，最终导致新疆纺织品牌竞争力下降。

（2）来自周边地区的区域间竞争激烈。近年来，全球纺织产业分工布局体系正在进一步调整。在土地、能源、劳动力等生产要素成本快速上升和生态环境瓶颈约束不断加剧的形势下，我国纺织行业一方面积极推进国内区域布局优化调整，利用中西部优势资源，建立现代制造体系和特色加工业；另一方面加快提升跨国资源配置能力，充分利用国际优势的原料、人力等资源，不断扩大海外投资布局。东部沿海地区纺织服装产业向中西部转移有梯度转移的过程，从区域固定资产投资结构可以看出中部增量明显高于西部，西部的四川、

---

❶ 刻板印象：指人们对某个事物或物体形成的一种概括固定的看法，并把这种看法推而广之，认为这个事物或者整体都具有该特征，而忽视个体差异。

重庆、广西投资增量也较新疆大，国内这些新兴的纺织产业基地是新疆潜在的竞争对手。以东南亚、南亚等为主的亚洲国家和地区，凭借成本、资源和国际贸易优惠等条件，正在快速融入全球价值链分工体系，在纺纱和中低端服装生产加工制造领域具有较大优势，也已成为我国纺织产业转移的重要承接地之一。此外，随着跨太平洋战略经济伙伴关系协议（TPP）谈判达成协议，受益的东南亚国家将更具吸引力。这些都对新疆承接东部地区转移、加快发展纺织服装产业构成一定压力和挑战。

（3）新疆纺织业发展所需各类人才队伍建设相对滞后。新疆纺织服装企业工程、技术、科研、设计和管理等中高端专业人才长期匮乏，制约了新疆纺织品服装企业的自主创新能力和产品市场竞争力的提高。另外，企业开展招工用工进行培训活动时存在语言交流方面的困难；并且新疆大多数农村富余劳动力大部分外出务工时间为农闲季节，农村劳动力作为产业工人意识淡薄，难以脱离农村，很难实现长期稳定就业；同时，地域辽阔、人口分散，各地教育培训资源分布不均，人员素质不高，加剧了产业工人培养难度。在当前一系列支持新疆纺织服装产业发展的政策陆续出台后，纺织服装产业人才的需求旺盛，进一步加剧了行业人力资源上的供需矛盾。未来除非新疆政府给予新疆企业人才政策大力支持，新疆纺织企业依然难以吸引与留住高端人才。

（4）新疆纺织业发展面临的生态资源环境瓶颈约束日益加大。新疆在自然资源和生态环境上具有一定的特殊性。新疆地域辽阔、土地资源丰富，但利用率低。新疆总体上属于干旱、半干旱气候，水资源时空地域分布明显不均，绿洲区域生态系统比较脆弱，纺织工业发展面临着较为严峻的资源环境承载力问题。由于生态环境自我修复能力较弱，在开发建设过程中一旦遭受破坏或被污染，将产生难以恢复的严重后果。这些因素都对今后新疆发展纺织服装行业构成一定挑战。当前，国际公众对企业社会责任问题越来越关注（张宏等，2014），想要进军国际市场，新疆纺织企业需要提高在国内外市场上的社会责任表现。

（5）前期国家收储棉花政策对新疆纺织业发展的负面影响。近年来，受国际棉花市场冲击、收储政策制约、传统种植采摘模式的影响，新疆棉花的竞争力正逐年降低。2015年，棉花种植直补政策的实施带动了国内外棉价差逐步缩小，但有鉴于目前国家储备棉仍有接近上千万吨库存量，前期棉花临时收储政策的后续影响仍会持续较长时期。库存过高导致在国际市场上棉花持续供过于求、价格低迷,仅依靠棉花生产难以实现新疆国民经济的发展与就业扩大。同时,由于棉花种植和生产管理粗放、连续三年收储重量不重质等影响,棉花品质严重下降,三丝、混级、混色等现象普遍存在,这已成为当前行业发展急需应对的挑战之一。棉花原材料质量下降将导致最终纺织品质量的下降。今后一段时间内,收储政策带来的天量库存及棉花质量下降等后果将继续影响我国纺织服装产业的整体发展。

小结以上,新疆纺织业发展的主要威胁在于国际上对中国与新疆的偏见、区域间的竞争日趋激烈、人才缺乏、环境瓶颈约束和前期政策的负面影响。这些威胁单靠新疆纺织企业努力很难克服,需要政府出面给予优惠政策等各方面支持。

5. 新疆纺织业 SWOT 分析图

综上所述,本书绘制新疆纺织业 SWOT 分析图,由于本书从品牌视角研究新疆纺织企业竞争力,所以提出的几种战略与品牌管理密切相关,如表 1 - 1 所示。

二、理论背景

在"十三五"期间,在"一带一路""中国制造2025"和"供给侧改革"等政策背景下,中国制造业需要转型升级,新疆纺织业也需要转型升级。除了技术升级与研发创新之外,打造有竞争力的强势品牌也是新疆纺织业转型升级的重要路径。本书从品牌角度探讨提升新疆纺织企业竞争力问题,对现有相关文献进行梳理,发现现有文献存在如下局限性。

(一) 现有文献很少从品牌视角研究新疆纺织企业竞争力

现有文献主要从三个方面研究新疆纺织企业竞争力:发展历程与现状、竞争力影响因素和竞争力评测。

表 1－1　新疆纺织业 SWOT 分析

内部因素 ＼ 外部因素	优势 • 新疆区位优势 • 新疆资源优势	劣势 • 产业发展结构不尽合理 • 劳动力与物流成本较高 • 向西市场开拓力度不够 • 生产性服务业发展滞后 • 融资渠道发展不够完善 • 纺织品牌竞争力不够强 • 品牌形象传播力度不够
机会 • 新疆经济高速增长营造良好大环境 • 丝绸之路经济带核心区建设创造新机遇 • 重大政策出台提供新支持 • 国内外市场需求稳步拓展释放新潜力 • 技术创新加速增添明新方向 • 跨境电子商务快速发展增添新动力	利用优势，抓住机会 • 打造有国际竞争力的纺织品牌 • 大力开拓国内外市场 • 打造高端纺织品牌，获得品牌溢价 • 基于互联网进行品牌创新	抓住机会，改进劣势 • 加强品牌建设，提升品牌竞争力 • 防止人才流失，引入高端人才 • 大力开拓国内外市场 • 加大研发投入，基于互联网进行品牌形象传播 • 使用社交媒体进行品牌形象传播
威胁 • 对中国与新疆的负面"刻板印象" • 来自周边地区的区域间竞争激烈 • 各类人才队伍建设相对滞后 • 面临的生态资源约束瓶颈日益加大 • 前期国家收储棉花政策的负面影响	利用优势，消除威胁 • 国家、政府出面，用社交媒体传播正能量 • 打造新疆特色纺织品牌，进军国内外市场 • 用优惠政策防止人才流失，吸引高端人才 • 注重企业社会责任，打造绿色纺织品牌 • 发扬工匠精神，勇攀质量高峰	改进劣势，消除威胁 • 加强品牌建设，提升品牌竞争力 • 用优惠政策防止人才流失，吸引高端人才 • 差异化品牌定位，进军国内外市场 • 加大研发投入，提高产品质量 • 使用社交媒体进行品牌形象传播 • 注重企业社会责任，打造绿色纺织品牌

资料来源：作者自绘。

第一，发展状况。现有文献回顾了新疆纺织企业的发展历程与现状（司马义·阿布力米提，2015；于琼，2010），使用 SWOT 分析法对新疆纺织品行业的优势、劣势、机会和威胁进行了分析（米会龙，2006；杨璐萍，2014），找出了其存在的问题（王永立，葛陈勇，2012），并给出了加快新疆纺织企业发展的对策与建议（林琳，2009）。

第二，竞争力影响因素。现有文献从不同视角分析了新疆纺织企业竞争力的影响因素。米会龙（2006）将影响新疆纺织企业竞争力的因素分为直接因素与间接因素两大类，其中直接因素包括生产成本、质量、品种、技术装备水平、企业规模；间接因素包括生产要素、需求状况、相关与支持产业、产业运行与竞争机制、政府行为。基于迈克尔·波特的钻石模型，一些研究将新疆纺织企业竞争力的影响因素归为五个方面：生产要素；需求条件；相关与支持产业；企业战略、结构与竞争；政府行为与机遇（王永俊，2009；王永俊，孙燕萍，2009）。

第三，竞争力测评。现有研究从企业绩效（张伟，2015）、贸易竞争指数、国际市场占有率、显示性比较优势指数（尤明慧，2007；王永俊，2009）和出口产品质量指数（苗辉，由亚男，2008）等对新疆纺织业的国际竞争力进行了测评。

然而，很少有文献从品牌视角研究新疆纺织企业竞争力，难以为新疆纺织企业打造有竞争力的纺织品牌提供理论指导。

（二）很少有文献探索品牌竞争力的影响因素

品牌竞争力（Brand Competitiveness）：指某一品牌产品超越其他同类产品的竞争能力，是其他同类产品不易甚至是无法模仿的能力，是开拓市场、占领市场并获取更大市场份额的能力（许基南，2005）。现有文献主要研究品牌竞争力的评价指标体系（马轶男，2013；沈忱等，2015；王红君等，2016；庄国栋，张辉，2015）与提升策略（马轶男，2013；许衍凤，赵晓康，2013；王文龙，2016）等。根据消费者纺织品购买决策的特点，哪些因素影响纺织品牌竞争力？答案尚不明朗。解答该问题有利于为新疆纺织企业有针对性地提出相应的品牌竞争力提升战略与策略。

（三）很少有文献探索纺织企业品牌资产

打造强势品牌就是要提升品牌资产（Keller，2013）。品牌资产（Brand Equity）：指品牌所具有的独特的市场影响力，即品牌资产揭示了具有品牌的产品/服务和不具有品牌的产品/服务两者之间营销结果差异化的原因（Keller，2013）。Keller（2013）提出基于顾客的品牌资产（Customer - based Brand Equity）的概念，即顾客知识所导致的他们对营销活动的差异化反应。当前，品牌资产研究是品牌研究领域的主流与热门研究方向之一。Aaker（1991）、Keller（2013）等学者提出了各自的品牌资产模型；一些咨询机构也提出了 BAV 模型与 BrandZ 模型等品牌资产模型。

然而，很少有文献研究纺织企业品牌资产。现有主流的品牌资产模型有什么共通之处？纺织企业品牌资产包括哪些维度？这些维度之间是什么样的关系？答案尚不明朗。解答该问题有利于为新疆纺织企业打造有竞争力的纺织品牌有针对性地提出具体的品牌战略实施步骤。

（四）很少有文献探索消费者纺织品牌态度与购买意向的影响因素

基于理性行为理论（Fishbein，Ajzen，1975），在品牌研究领域，存在"品牌形象→消费者品牌态度→消费者品牌购买意向"的影响路径。该影响路径对于国家品牌形象（朱战国，李子键，2017）、公司品牌形象（杨一翁等，2015）和目的地品牌形象（Jalilvand et al.，2012）等均成立。当前，纺织品主要还是买方市场，消费者纺织品牌态度与购买意向对纺织品牌竞争力起决定性作用。然而，很少有文献探索消费者纺织品牌态度与购买意向的影响因素。在"一带一路"背景下，除了新疆区域品牌形象与来自新疆的纺织企业的公司品牌形象之外，中国的国家品牌形象是否也会影响消费者对新疆纺织品牌的态度与购买意向？答案尚不明朗。解答上述问题有利于为新疆纺织企业分阶段打造有竞争力的纺织知名品牌有针对性地提出对策与建议。

第二节　研究问题

针对现实世界与理论研究中存在的问题，本书开展三项研究。

第三章基于光环效应模型，使用问卷调查法与深度访谈法等，探索区域、公司和产品品牌形象对消费者与财务视角下的品牌竞争力的影响机制。

第四章基于品牌资产理论，使用深度访谈法、焦点小组访谈法和问卷调查法等，探索纺织企业品牌资产的构成维度，以及各个维度之间的层级关系。

第五章基于理性行为理论与光环效应模型，使用问卷调查法，探索国家、区域和公司品牌形象对消费者纺织品牌态度与购买意向的影响机制。

第三节　研究意义

一、理论意义

第一，本书同时基于消费者与财务视角，全面地评估品牌竞争力，将进一步丰富品牌竞争力理论研究。

第二，本书基于光环效应模型，厘清了当消费者进行低介入购买决策（购买纺织品）时，区域、公司和产品品牌形象之间的关系，以及国家、区域和公司品牌之间的关系，将进一步丰富光环效应模型在品牌研究领域的应用。

第三，本书基于品牌资产理论，结合 Aaker 模型、Keller 模型、BAV 模型和 BrandZ 模型等品牌资产模型，厘清了纺织企业品牌资产的构成维度以及各个维度之间的关系，将进一步丰富品牌资产理论。

第四，本书揭示了区域、公司和产品品牌形象之间的关系，以及三者对消费者与财务视角下的品牌竞争力的影响机制；同时揭示了国家、区域和公司品牌形象之间的关系，以及三者对消费者纺织品牌态度与购买意向的影响机制，将进一步丰富国家、区域、公司和产品品牌等品牌理论研究。

第五，本书在区域品牌研究领域证实了理性行为理论提出的影响路径：信念→态度→行为倾向（Fishbein，Ajzen，1975），将进一步扩展理性行为理论在区域品牌研究领域的应用。

二、实践意义

（一）本书建议新疆纺织企业使用公司品牌战略以加速打造有竞争力的纺织品牌

第一，对于公司内部，强大的公司品牌能够指引与激励内部利益相关者（股东、管理者和员工等），使他们更努力地工作，并提高其工作效率与效果，从而提升内部品牌资产（Baumgarth，Schmidt，2011；Wallace，de Chernatony，2011）。

第二，在国内市场，由于中国人普遍具有整体性思维，注重事物之间在整体上的联系（连淑能，2002），中国消费者在进行购买决策时，大多遵循"公司→产品"的思维模式（吴水龙，卢泰宏，2009），一款产品是否系出名门至关重要，这使企业在中国市场使用公司品牌战略十分重要。

第三，当走向国际市场时，使用公司品牌战略可以使新疆纺织品牌以统一、清晰的整体品牌形象示人，更容易进入与占据国际消费者心智。

因此，建议新疆纺织企业在设计其品牌架构与品牌组合时（Aaker，2004；Keller，2013），突出公司品牌的力量。

（二）本书建议新疆纺织企业充分发挥新疆区域品牌形象的光环效应，以更好地利用品牌杠杆提升品牌资产

对于纺织品而言，面料及其来自的区域至关重要（季莉，贺良震，2014）。因此，区域品牌形象对消费者的纺织品购买决策起重要影响。由于消费者的纺织品牌购买决策是一种低介入购买决策，此时区域品牌形象发挥光环效应（杨一翁，2017），通过中介变量产品与公司品牌形象间接影响消费者及财务视角下的品牌竞争力；此外，区域品牌形象既直接影响消费者纺织品牌态度，又通过公司品牌形象间接影响消费者纺织品牌态度，并最终影响消费者纺织品牌购买意向。

因此，建议新疆纺织企业充分利用新疆美好的区域品牌联想，打造新疆特色纺织品牌，以独一无二的品牌定位占据国内外消费者心智。

（三）本书建议新疆纺织企业积极进行转型升级，打造高端纺织品牌，有助于新疆纺织企业开创新的"蓝海"，在"微笑曲线"的两端获取丰厚的品牌溢价

当前，新疆纺织品牌价格过于便宜，导致利润率不高，降低了财务视角下的品牌竞争力。在"消费升级"的大背景下，建议新疆纺织企业积极进行转型升级，使用李飞等提出的定位钻石模型，对其品牌进行重新定位（李飞等，2005；李飞等，2006；李飞，刘茜，2004）。定位为"源自新疆的高端纺织品牌"，提高产品附加值，以提高品牌溢价，不打价格战，靠提供卓越的顾客价值赢得市场份额，最终提升品牌竞争力。

（四）本书为新疆纺织企业打造强势纺织品牌指明了操作性强的具体步骤

建议新疆纺织企业按照如下四个步骤打造强势纺织品牌。第一步，提高新疆纺织品牌的知名度；第二步，提高新疆纺织品牌的感知质量，打造新疆纺织品牌独一无二的品牌个性，并树立差异化的公司形象；第三步，从理性与情感两方面赢得国内外消费者对新疆纺织品牌的积极评价；第四步，引发国内外消费者对新疆纺织品牌的共鸣，获得强烈的、积极的品牌忠诚度，维系良好的、持久的品牌关系。

（五）本书为新疆纺织品牌分阶段打造有竞争力的国际知名纺织品牌指明了前进的方向

建议新疆纺织企业按照如下三个阶段打造有竞争力的国际知名纺织品牌。第Ⅰ阶段：实施公司品牌战略以打造新疆知名纺织品牌；第Ⅱ阶段：综合实施公司与区域品牌战略以打造全国知名纺织品牌；第Ⅲ阶段：综合实施公司、区域和国家品牌战略以打造国际知名纺织品牌。

第四节　研究方案

本书的技术路线如图 1 - 1 所示。

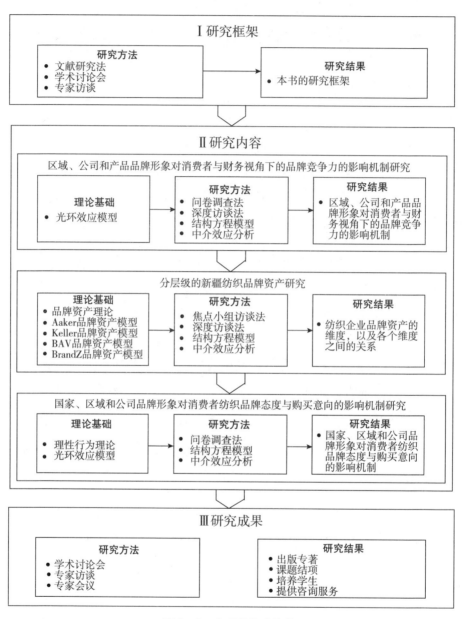

图1-1 本书的技术路线

资料来源：作者自绘。

一、构建研究框架

（一）文献研究

本书以品牌竞争力（Brand Competitiveness）、区域品牌形象（Place Brand Image）、公司品牌形象（Corporate Brand Image）、国家品牌形象（Country Brand Imge）、产品品牌形象（Product Brand Image）、品牌形象（Brand Image）、品牌资产（Brand Equity）、新疆纺织企业和纺织企业竞争力等为关键词，使用百度学术搜索引擎，以及 Emerald、JSTOR、ScienceDirect Online、Springer LINK、EBSCO 和中国知网等数据库，检索出文献210 余篇，其中包括英文文献120 篇左右。

作者对重要的文献进行打印与阅读，并使用 EndNote 软件建立电子文献库，以便随时调用与查阅文献。对其中30 余篇最经典的文献进行全文精读、反复阅读和翻译；50 余篇文献精读了摘要、引言、文献综述和结论部分；其余文献至少阅读了摘要部分。通过文献研究，本书形成初步的研究思路。

（二）学术讨论会

在文献研究的基础上，作者定期召开学术讨论会。学术讨论会的成员主要有：作者、作者所在高校的同事、作者的博士生导师、作者师门的博士研究生和资助本书的基金项目的项目组成员等。学术讨论会的一般形式为：首先，作者使用 PPT 报告项目的最新进展；其次，参与者提问；最后，使用头脑风暴法进行综合讨论。通过多次学术讨论会，本书对初步的研究思路进行完善。

（三）专家访谈

作者多次邀请相关领域的专家与学者来校指导与学术交流，就本书的初步研究思路与研究框架进行了深入讨论。

通过以上工作，本书构建研究框架。

二、研究方案

（一）区域、公司和产品品牌形象对消费者与财务视角下的品牌竞争力的影响机制研究

本研究以光环效应模型（Han，1989）作为理论基础。检验的所有构念均有成熟的量表可以借鉴，不需要进行量表开发工作。选择新疆天山纺织公司的羊绒衫作为研究对象，使用问卷调查法与深度访谈法在新疆与北京两地，同时面向新疆天山纺织公司的员工与消费者收集数据。运用结构方程模型与中介效应分析进行数据分析，从而得出研究结论。

（二）分层级的新疆纺织品牌资产研究

本研究以品牌资产理论（Aaker，1991；Keller，2013）作为理论基础，选择新疆天山纺织公司的羊毛衫作为研究对象。结合 Aaker 模型、Keller 模型、BAV 模型和 BrandZ 模型等品牌资产模型，以及现有成熟量表，使用焦点小组访谈法与深度访谈法构建纺织品牌资产维度，并设计与修改调查问卷；通过预调查得到最终调查问卷。使用问卷调查法面向互联网上的天山纺织羊毛衫的顾客收集数据。运用结构方程模型与中介效应分析进行数据分析，从而得到研究结论。

（三）国家、区域和公司品牌形象对消费者纺织品牌态度与购买意向的影响机制研究

本研究以理性行为理论（Fishbein，Ajzen，1975）与光环效应模型（Han，1989）作为理论基础。所检验的所有构念均有成熟的量表可以借鉴，不需要进行量表开发工作。选择新疆天山纺织公司的羊毛衫作为研究对象，使用问卷调查法，面向互联网上的天山纺织羊毛衫的顾客收集数据。运用结构方程模型与中介效应分析进行数据分析，从而得出研究结论。

三、形成研究成果

作者召开学术讨论会，对数据分析结果进行讨论，在此基础上撰写本书。

作者积极参加国内外学术会议与学术交流活动，报告研究成果，并就研究成果对相关专家进行访谈；同时，作者还邀请相关领域的著名专家与学者来校进行指导与学术交流。通过以上工作完善各项研究成果。基于此，作者完成本书的撰写工作。之后，作者将召开专家会议，对本书的研究结论进行论证，并完成本书的出版工作，同时对资助本书的新疆维吾尔自治区普通高等学校人文社会科学基地基金项目"新疆纺织企业竞争力研究"进行结项。

最后，作者为相关专业的研究生举办系列讲座，报告本书的研究结论，帮助完成与本书作者一起进行相关研究的本科生与研究生等的培养工作；并为政府、纺织行业协会和相关企业等提供管理咨询服务。

第二章 文献述评

本书从四个方面对现有相关文献进行梳理：新疆纺织企业竞争力、品牌竞争力、纺织企业品牌资产、消费者纺织品牌态度与购买意向。

第一节 新疆纺织企业竞争力文献述评

现有文献主要从三个方面研究新疆纺织企业竞争力：发展历程与现状、竞争力影响因素和竞争力测评。

一、发展历程与现状

（一）新疆制造业整体发展情况

苏红键等（2017）总结了包括新疆纺织业在内的新疆制造业发展的基本特征，认为：第一，新疆处于工业化中期阶段，制造业发展较快；第二，制造行业集中度较高，内部结构逐步优化；第三，制造业特色显著，以资源加工类（石油、矿产资源、特色农产品）为主；第四，优势产业（石油化工、矿产资源冶炼加工、装备制造、农产品）实力突出，大企业竞争力较强；第五，以五市（州）为重点（克拉玛依、乌鲁木齐、巴州、昌吉、伊犁），多中心格局显现。虽然新疆制造业特色显著，但综合竞争力较弱，表现在五个方面：第一，制造业总体实力较弱；第二，制造业产业链比较单薄；第三，开放水平较低；第四，创新能力较弱；第五，绿色发展意识淡薄，废水、废气排放和污染问题比较严重。因此，提出四条对策建议：第一，加强"东引西联"（向东部地区招商引资；向西开拓欧亚市场，将乌鲁木齐打造为全国西行班列枢纽中心）；第二，促进提质增效；第三，提升人才、资金、土地要素质量；第四，完善服务体系。

（二）新疆纺织业发展历程

基于文献研究，本书将新疆纺织业的发展历程总结如下。

新疆在历史上是古丝绸之路的重要通道，其自然资源得天独厚，是全国乃至世界最大的棉花种植基地。新疆棉纺工业从新中国成立之初就开始发展起来。1953 年年底建成新疆七一棉纺织厂，是新疆第一家现代棉纺织企业。1958—1965 年，是新疆棉纺工业的快速发展期，先后建成了石河子八一棉纺织厂、石河子印染厂、奎屯棉纺织厂、湖光棉纺织厂和乌鲁木齐天山染织厂等一批棉纺织工业骨干企业。改革开放以后，新疆维吾尔自治区党委制定了"一黑一白"的优势资源转换战略，把"棉产业"（白）与"石油产业"（黑）作为支撑新疆经济发展的主导产业加以培育和扶持，新疆棉纺织工业得到了快速的发展。1997 年亚洲金融危机后，中央决定把对国民经济发展产生重大影响的纺织工业作为国有企业改革脱困的突破口，到 2000 年全行业扭亏为盈。进入 21 世纪后，我国加入 WTO 并实施西部大开发战略，给新疆棉纺织工业带来了前所未有的发展机遇。2010 年、2014 年，中央先后召开两次新疆工作座谈会，使新疆纺织工业进入了一个崭新的发展时期。目前，在中国实施"一带一路"倡议的时代背景下，新疆纺织业迎来前所未有的发展机遇，当今正是新疆打造国际知名纺织品牌的最好时机。

（三）新疆纺织业现状

基于文献研究，本书将新疆纺织业的发展现状总结如下。

第一，产业体系与就业初具规模。新疆纺织工业现已形成以棉纺织、化纤为主导，包括毛纺织、麻纺织、针织、服装、纺织教育、科研、设计、质检、营销等在内的较为完整的产业体系，成为实现优势资源转换的主导产业和民生产业。

第二，产业布局优化与集聚效应明显突出。通过积极推进生产能力向优势区域和优强企业集中，目前已形成乌鲁木齐—昌吉、石河子—奎屯、库尔勒—

尉犁、阿克苏—阿拉尔和喀什五大产业集聚区域，以及"三城七园一中心"的产业集群发展格局（三城：库尔勒纺织城、阿克苏纺织城、石河子纺织城；七园：喀什工业园、巴楚县工业园、阿拉尔工业园、呼玛工业园、沙湾工业园、精河工业园、霍尔果斯工业园；一中心：乌鲁木齐纺织品服装商贸中心）。

第三，吸纳就业作用明显。新疆纺织服装产业劳动密集的特性十分突出，在吸纳就业、改善民生和促进社会和谐上将发挥巨大作用。从纺织服装产业具有的特点看，发展新疆纺织服装产业不仅可以实现在疆闲散劳动力就近就业、促进社会和谐、改善民生和拉动消费，同时还可以带动一系列相关产业经济的共同发展。

第四，资源优势明显。新疆具备发展纺织服装产业的突出优势，原料丰富、电力资源充裕并且价格便宜、向西开放的区位优势明显、土地资源丰富、劳动力富裕。

第五，承接转移和优强企业培育成效显著。中央新疆工作座谈会后，内地纺织企业来疆投资建厂逐渐增多、重组棉纺织产能规模占到新疆产能规模总量的85%左右，化纤产能规模达到90%以上。

第六，纺织业运行平稳。当前新疆纺织业受国内纺织产品市场需求不振、价格低位徘徊等影响，纺织业整体处于困难的运行状态，生产增长缓慢。由于缺少知名品牌，难以赚取丰厚的品牌溢价，新疆纺织企业的利润不容乐观。

二、竞争力影响因素

现有文献从不同视角分析了新疆纺织企业竞争力的影响因素。米会龙（2006）将影响新疆纺织企业竞争力的因素分为直接因素与间接因素两大类，其中直接因素包括生产成本、质量、品种、技术装备水平、企业规模；间接因素包括生产要素、需求状况、相关与支持产业、产业运行与竞争机制、政府行为。基于迈克尔·波特的钻石模型，一些研究将新疆纺织企业竞争力的影响因素归为五个方面：生产要素；需求条件；相关与支持产业；企业战略、结构与竞争；政府行为与机遇（王永俊，2009；王永俊，孙燕萍，2009）。

王永俊（2009）发现：新疆纺织品的出口竞争力总体上呈逐年上升的趋势。杨璐萍（2014）发现：丰富的原材料、能源资源对提升新疆纺织行业的竞争力起到重要推动作用。另外，政府行为与机遇的作用也非常关键。如：中国"一带一路"倡议的实施不仅吸引大型纺织企业集团在新疆布局；还推动新疆纺织企业走向品牌国际化道路。

三、竞争力测评

赵新民（2017）以石河子为例，研究"一带一路"下新疆传统纺织产业集群创新。基于 GEM 模型（Padmore，Gibson，1998），提出了一种评价产业集群竞争力的方法，提出从三组因素对、六个方面来评价产业集群竞争力：资源，设施（因素对1）；供应商与相关支持，企业结构、战略和竞争（因素对2）；内部市场，外部市场（因素对3）。使用此方法进行问卷调查实证研究，发现：新疆石河子纺织产业已初具规模，产业集群已发展到成长期后期，但尚未迈入成熟期。石河子纺织产业集群要进一步发展，当前面临一系列瓶颈，主要表现在：一是纺织产品结构单一，主要以棉纱生产为主，产业链体系不完整；二是在政府主导下，纺织业发展注重大企业、大项目发展，忽视中小专业化企业和机构的发展；三是基础设施建设和物质性要素优惠政策支持已不能有效带动集群升级，在网络结构建立、自主创新和制度创新方面重视不够。基于此，提出加快发展石河子传统纺织产业集群创新的建议：一是加强观念创新，调整政府集群支持政策；二是延长产业链体系，提高专业化分工水平；三是加强网络结构建设，降低交易成本；四是强化集群创新能力，提升产品附加值；五是加大公共产品供给，创造良好的软件环境；六是加强产业集群发展的制度创新。

李豫新和刘乐（2016）提出纺织业竞争力评价"四位一体"研究框架，将"十三五"提出的新五大发展理念（创新、协调、绿色、开放、共享）融入评价主体，从而对其竞争力进行科学有效的评价。系统层的丝绸之路经济带背景下纺织业竞争力评价指标为：基础竞争力、核心竞争力、环境竞争力和潜在竞争力。研究结果表明：2006—2014 年，随着基础竞争力、核心竞争力、潜在竞争力和环境竞争力的稳步上升，新疆纺织业竞争力水平稳定于 0.90 左右，同时竞争效率不断提升；基于指数平滑法的预测表明，"十三五"时期新疆纺织业竞争力水平将呈缓慢上升趋势。基于此，提出四条政策建议：第一，巩固纺织业发展的基本需求（原料资源、人才、投资等）；第二，开拓纺织市场，打造新疆知名品牌；第三，合理投资，重视科技创新；第四，营造良好的经济、自然环境（符合"绿色"发展理念）。

阿地力·吾布力等（2015）在分析新疆纺织业的投入产出结构，以及纺织业与其他产业的关联度的基础上，得出研究结论：纺织业属劳动密集和资本密集型产业，对税收贡献能力较强，营业盈利能力属中等水平；纺织业最终消费比重居中等偏下水平，资本形成比重居中等偏上水平，出口比重较高；纺织业对农林牧渔业、电力热力的生产和供应业、批发和零售业的直接消耗大，对其他产业直接消耗量较少；纺织业对农林牧渔业、化学工业、电力热力的生产和供应业、交通运输及仓储业的完全消耗较多，对其他产业的完全消耗不大；纺织业对各产业的拉动力较高，但其他产业对纺织业的推动力较弱。基于此，提出三条建议：第一，加大人力资源开发，培养专业人才队伍；第二，拓展纺织业消费市场（中国农村、中亚、欧洲和北美市场等）；第三，提高产业用纺织品的利用程度（如加强纺织业与其他产业的对接与联动等）。

张伟（2015）从企业绩效角度评价新疆纺织企业竞争力，认为新疆纺织企业的总体绩效可从盈利能力、资产质量、生产经营和销售市场四类指标来评价。尤明慧（2007）从贸易竞争指数、国际市场占有率和显示性比较优势指数三个指标来评价新疆纺织品出口竞争力，发现：第一，新疆纺织品的出口竞争力总体上呈逐年上升的趋势。第二，新疆纺织品的出口竞争力明显弱于其他省市，说明新疆纺织品对外出口规模较小。但是新疆具有发展纺织业不可比拟的比较优势，意味着新疆有提高纺织品出口竞争力的潜力。王永俊（2009）通过对贸易竞争指数、国际市场占有率和显示性比较优势三项指标的分析，发现：新疆纺织品的出口竞争力总体上呈逐年上升的趋势，新疆纺织业参与市场竞争的潜力巨大；但与国内纺织产业发展较成熟地区比较，新疆纺织品的国际竞争力明显弱于其他省市，出口产品附加值低，出口产品结构不合理。苗辉和由亚南（2008）发现新疆纺织业国际竞争力呈现出如下特点：第一，国际市场占有率低；第二，具有较强的贸易竞争指数；第三，具有较强的比较优势；第四，出口产品质量指数稳中略有上升；第五，缺少知名品牌。

此外，还有文献从企业绩效（张伟，2015），贸易竞争指数、国际市场占有率、显示性比较优势指数（尤明慧，2007；王永俊，2009）和出口产品质量指数（苗辉，由亚男，2008）等对新疆纺织业的国际竞争力进行了测评。

总结以上，现有文献从发展状况、竞争力影响因素和竞争力测评等方面探索了新疆纺织企业竞争力相关问题，然而很少有文献从品牌角度进行思考。当前，新疆纺织企业缺少知名品牌不仅使新疆纺织企业在国内市场上难以赚取丰厚的品牌溢价、利润微薄，也使新疆纺织品牌进入国际市场困难重重。打造有竞争力的纺织品牌是新疆纺织企业实现转型升级的重要路径。因此，本书引入品牌竞争力、品牌形象、品牌资产、光环效应模型和理性行为理论等理论，从品牌视角研究新疆纺织企业竞争力。

第二节 品牌竞争力文献述评

品牌竞争力（Brand Competitiveness）指：某一品牌产品超越其他同类产品的竞争能力，是其他同类产品不易甚至是无法模仿的能力，是开拓市场、占领市场并获取更大市场份额的能力（许基南，2005）。品牌竞争力包括品牌知名度、品牌忠诚度、市场占有率和利润率四个维度（姜岩，董大海，2008）。前两个维度是基于消费者视角评估品牌竞争力；后两个维度是基于财务视角评估品牌竞争力。

现有文献主要研究品牌竞争力的评价指标体系（马轶男，2013；沈忱等，2015；王红君等，2016；庄国栋，张辉，2015）与提升策略（许衍凤，赵晓康，2013；王文龙，2016；马轶男，2013）等。

第一，品牌竞争力的评价指标体系。马轶男（2013）在文献研究的基础上选取兼顾市场、企业以及中间层面的品牌竞争力评价指标体系，提出品牌竞争力包括六个一级指标：品牌显著度、品牌功效、品牌形象、品牌感受、品牌忠诚度和品牌共鸣度。每个一级指标又包括很多二级指标。沈忱等（2015）采取定性研究和定量研究相结合的研究方法，建立一套产业集群品牌竞争力评价指标体系，发现：产业集群品牌竞争力包括外显与内隐竞争力两个一级指标；外显竞争力包括品牌基础力、品牌市场力、品牌辐射力和品牌延伸力四个二级指标；内隐竞争力包括品牌创新力、品牌协同力、政府支持力和品牌公关力四个二级指标；每个二级指标下又包括很多三级指标。王红君等（2016）构建了一套复杂语言关联情境下科技期刊品牌竞争力评价体系，提出科技期刊品牌竞争力包括五个维度：品牌领导能力、品牌管理能力、利益相关者互动过程、品牌竞争实力和品牌竞争结果。每个维度又包括很多构成要素。庄国栋和张辉（2015）结合文献研究法与专家访谈法，提出城市旅游品牌竞争力包括四个一级指标：核心因素、环境因素、支持性因素和品牌因素。每个一级指标又包括很多二级指标。之后，使用IPA分析法对各个指标的重要性与相对表现进行评价。

第二，品牌竞争力的提升策略。许衍凤和赵晓康（2013）首先构建了内在的"老字号"品牌竞争力评价指标体系。其次，运用层次分析法对各指标的权重进行赋值，创建了"老字号"品牌竞争力模糊综合评价模型。最后，以北京餐饮"老字号"企业为例进行实证分析，分析"老字号"品牌竞争力存在的问题，提出了提升"老字号"品牌竞争力的对策，为"老字号"品牌的发展提供了依据。王文龙（2016）把地理标志农产品品牌竞争力的影响因素分解为四个部分：自然环境与人文积淀、客观影响因素、消费观念变化和主观管理水平。对中国地理标志农产品品牌竞争力进行分析，发现其在品牌建设上存在的问题，并提出提升中国地理标志农产品品牌竞争力的策略选择。马轶男（2013）在建立智能手机品牌竞争力评价指标体系及评价模型的基础上对中国某智能手机企业品牌竞争力进行了评价，并就如何提高中国智能手机品牌竞争力提出了建议。

总结以上，较少有文献研究品牌竞争力的影响因素，特别是实证研究很少。根据消费者纺织品购买决策的特点，哪些因素影响纺织品牌竞争力？答案尚不明朗。因此，本书引入品牌形象理论探索该问题。形象反映人们的主观态度（王长征，寿志钢，2007）。品牌形象（Brand Image）指消费者对品牌的总体感知（江明华，曹鸿星，2003）。根据社会心理学的相关理论，态度能在一定程度上预测行为（Myers，2013）。学者们发现：国家品牌形象（Kim et al.，2017）、目的地品牌形象（Zhang et al.，2017）和公司品牌形象（杨一翁，孙国辉，2013）等影响消费者的行为（意向），进而影响品牌竞争力。从宏观、中观和微观层面考虑，品牌形象可分为国家、公司和产品品牌形象（杨一翁等，2015）。本书聚焦于纺织品牌竞争力，当消费者购买纺织品时，十分重视其面料来自的区域（季莉，贺良震，2014）。例如，当消费者购买一件羊绒衫时，如果其面料来自我国著名的优质山羊绒产区新疆，就会感觉这件羊绒衫质量很好。基于以上论述，本书的第三章探索区域、公司和产品品牌形象之间的关系，以及三者对消费者与财务视角下的品牌竞争力的共同影响机制。

第三节　区域品牌形象文献述评

本书研究新疆纺织企业品牌竞争力，消费者十分重视纺织品的面料所来自的区域（季莉，贺良震，2014）。因此，重点关注区域品牌形象对消费者购买决策的影响。本书涉及国家品牌形象、公司品牌形象、产品品牌形象和区域品牌形象。在当前的品牌研究领域，关于国家、公司和产品品牌形象的研究较多；而关于区域品牌形象的研究较少。本书对区域品牌形象的研究进行述评。

一、区域品牌形象定位

城市、国家、目的地品牌研究均属于区域品牌研究的分支（Kotler et al.，2008；孙丽辉等，2009）。

现有文献主要探索了目的地品牌形象定位。Lin 和 Zins（2016）探索了中国的省级以下政府的目的地定位战略。曲颖（2015）基于普洛格的心理类型定位法，即根据目的地生命周期与主流游客心理特征的关联性，将定位着眼于初期目标市场甄选，通过瞄准冒险倾向较强的理想细分市场促成游客量的激增。陆鹏（2015）以武汉市为例，探索了旅游目的地游客感知形象与目的地品牌形象之间形成的机制原理，从微观层面实证检验两者之间的关系，发现认知与情感形象是影响旅游目的地的主要因素，依据这些因素为武汉市旅游目的地品牌形象进行定位。提升区域作为旅游目的地的形象以进一步吸引游客是区域品牌工作的一个方面，用目的地品牌形象来代表区域品牌形象是不全面的。此外，目的地品牌形象的主要影响对象是游客，而区域品牌形象同时影响游客、消费者、投资者和当地人等多方利益相关者的决策。

少量文献探索了城市品牌形象定位。首先，Larsen（2015）综合大量文献与各种城市品牌评价体系，使用扎根理论研究方法，提出城市品牌由 16 个维度组成。以此为基础，Larsen（2017）使用网络民族志方法，为上海制定了城市品牌定位战略。张燚等（2009）使用扎根理论研究方法，提出用"世界激情之都"来定位重庆城市形象。区域比城市覆盖的地理范围更广阔，区域品牌形象涉及的范围更广、面向的受众更多、内涵更为丰富。其次，基于态度理论，态度主要包括两种成分：认知与情感（Roth，Diamantopoulos，2009；Solomon，2017）。城市品牌形象为某种"形象"，反映人们的主观态度（王长征，寿志钢，2007）。基于此，城市品牌形象分为认知与情感城市品牌形象（Pike，Ryan，2004）。然而，现有文献聚焦于认知城市品牌形象，却忽视了情感城市品牌形象。与之类似，也应该全面地研究认知与情感区域品牌形象。

仅有个别文献探索了区域品牌形象定位。周启瑞（2008）提出湖南区域形象战略目标定位为：在湖南内外广大社会公众中着力塑造与建构社会全面发展的形象，具体表述为"四个湖南"，即实力湖南、活力湖南、发展湖南、和谐湖南。陈丽萍（2009）提出江西新形象可以定位为"绿色江西"，其核心是秉承传统迈向未来的精神。江西区域品牌的塑造需要以政府为主导，全民积极参与。然而，上述文献未使用定性研究方法（如访谈、案例研究和扎根理论等研究方法）与定量研究方法（如文本挖掘方法与问卷调查法等）进行论证，且尚未发现有文献系统地研究新疆区域品牌形象定位。

确定区域品牌的维度是使用定性与定量研究方法探索区域品牌形象定位的基础。赵卫宏等（2016）基于资源与制度视角，采用扎根探索与实证检验方法，开发生态区域品牌的维度模型及测量量表，揭示生态区域品牌的内涵及构建策略。许基南和李建军（2010）认为：特色农产品区域品牌形象由农产品的产品形象、区域形象、消费者形象和企业形象四个维度构成。然而，某一类型（如生态）与某一行业（如农产品）的区域品牌形象与整体区域品牌形象是不同的，就整体区域品牌形象的维度结构而言，现有文献尚未达成共识，缺少成熟的区域品牌形象量表。

二、区域品牌形象传播

少量文献探索了区域品牌形象传播策略。Kotsi 等（2016）以阿联酋作为研究对象，使用因果层次分析法，探索了五方面的视觉与听觉品牌印记（生活方式、节日庆典、工艺品与日常生活、野生动植物与风景、职业）对三方利益相关者（国民、外籍人士和游客）形成地区依恋的影响，证实了品牌故事与收集多种品牌诠释对形成品牌依恋的重要性。蒋海升（2011）分析了山东"情义"文化的源流、价值和品牌传播，认为：加强"情义"文化品牌的理论构建与内涵发掘，增强山东"情义"文化品牌的吸引力与影响力，可以增强山东的区域综合竞争力与"软实力"。由以上研究可知：区域品牌形象传播具有独特性，每个区域的特点不同，相应的区域品牌形象传播策略也不同，仅有个别文献研究新疆区域品牌形象传播策略。

兰杰等（2017）以区域形象和多模态理论为基础，探讨了新疆对外宣传的现状，从外部环境与内在缺陷两方面分析新疆对外传播的困难。外部环境方面：一是西方对中国根深蒂固的负面"刻板印象"；二是一些西方媒体大肆宣扬"中国威胁论"。内在缺陷方面：一是由于语言障碍，新疆的多元文化不能为大多数生活在疆外的大众所了解；二是新疆外宣网站天山网存在一些缺陷。因此提出三条对策：一是新媒体助力新疆外宣多模态化转向；二是外宣内容异彩纷呈与多模态结合；三是新疆多模态外宣翻译策略（如全面真实地呈现新疆形象；加大资金投入力度、培养高素质高能力专业翻译人才等）。

少量文献定量检验了区域品牌形象的传播效果。Braun 等（2014）使用结构方程模型进行定量检验，发现：物质区域品牌传播（建筑设计、基础设施和当地人行为等）与口碑区域品牌传播首先影响中介变量区域品牌形象，进而影响游客与当地人吸引力；而传统区域品牌传播（广告、公共关系、城市标志与口号的使用等）对游客与当地人吸引力的直接与间接影响均不显著。该研究表明：在数字时代下，使用社交媒体进行区域品牌形象传播可能比使用传统媒体的效果更好。马向阳等（2016）基于消费者视角，运用社会认同理论，将感知威胁与原型性作为区域品牌口碑数量的影响因素，剖析文化认同、内群体偏好对区域品牌口碑传播的影响。研究发现：内群体更加倾向传播有关区域品牌的正面口碑；文化认同程度越强，内群体对区域品牌就越偏好，进而给予区域品牌更多正面评价，更加愿意传播区域品牌的正面口碑信息；感知威胁和原型性都与区域品牌正面口碑信息数量呈正相关关系。然而，该研究基于消费者视角，仅考虑了"天津人"这一个内部利益相关者群体。

三、区域品牌形象对区域品牌资产的影响机制

品牌建设的最终目的是提升品牌资产（Keller，2014）。现有文献发现：产品、国家、公司和目的地品牌形象等均影响相应的品牌资产。Ansary 和 Hashim（2017）发现：品牌依恋与品牌态度对品牌形象和基于消费者的品牌资产

之间的影响关系起部分中介作用；产品类型与口碑对上述影响关系起调节作用。Andéhn 等（2015）发现：基本国家形象首先影响产品—国家形象，进而影响品牌资产。杨一翁等（2017）发现：公司愿景影响内部品牌资产，并进一步通过内、外部利益相关者互动，间接影响外部品牌资产；公司文化影响内部品牌资产；公司形象影响外部品牌资产。研究结果表明：公司品牌的三个维度对内、外部利益相关者的影响是不同的，基于内、外部利益相关者视角，全面地分析公司品牌对内、外部利益相关者的影响十分重要。研究指出：在跨国公司打造强势公司品牌、提升品牌资产的过程中，内、外部利益相关者互动是连接内、外部品牌资产的重要桥梁。区域品牌与公司品牌的最大共同点在于两者均同时面向内、外部利益相关者（Oguztimur，Akturan，2016），因此有必要全面地探索区域品牌形象对内、外部品牌资产的影响机制。徐春晓和莫莉萍（2014）以湖南省凤凰古城为案例，使用问卷调查法获取基础数据，分析发现：旅游目的地形象是旅游目的地品牌资产最重要的间接前因变量；旅游目的地品牌忠诚是旅游目的地品牌资产最重要的直接前因变量，是旅游目的地品牌形象与品牌资产之间的中介变量。然而，尚未发现有研究基于内、外部利益相关者视角，探索区域品牌形象对区域品牌资产的影响机制。

总结以上，当前关于区域品牌形象的研究较少，关于区域品牌形象的定位、传播及其对消费者购买决策的影响机制还有很多值得进一步研究的空间。更重要的是，在"一带一路"倡议背景下，区域品牌形象对品牌竞争力与消费者购买决策的影响不是独立的，而是与国家、公司和产品品牌形象一起施加影响。现有文献很少研究区域、公司和产品品牌形象之间的关系，以及三者对品牌竞争力的共同影响机制；很少研究国家、区域和公司品牌形象之间的关系，以及三者对消费者纺织品态度与购买意向的共同影响机制。

第四节　纺织企业品牌资产文献述评

打造强势品牌就是要提升品牌资产（Keller，2013）。品牌资产（Brand Equity）：指品牌所具有的独特的市场影响力，即品牌资产揭示了具有品牌的产品/服务和不具有品牌的产品/服务两者之间营销结果差异化的原因（Keller，

2013）。Keller（2013）进一步提出基于顾客的品牌资产：顾客知识所导致的他们对营销活动的差异化反应。品牌资产研究成为品牌研究领域的主流与热门研究方向之一。

基于顾客视角来评估品牌资产主要有两个模型，一是 Aaker（1991）的品牌资产五星模型；二是 Keller（2013）的基于顾客的品牌资产金字塔模型。

Aaker（1991）构建品牌资产五星模型，认为品牌资产（Brand Equity）主要包括五个维度：品牌知名度（Brand Awareness）、感知质量（Perceived Quality）、品牌联想（Brand Association）、品牌忠诚度（Brand Loyalty）和其他品牌资产（Other Propriety Brand Assets）。Aaker（1991）的品牌资产五星模型得到了广泛的认可与应用。

Keller（2013）构建基于顾客的品牌资产金字塔模型，认为品牌资产分为四个层级：第一层为品牌显著度（Brand Salience）；第二层为品牌表现（Brand Performance）与品牌形象（Brand Image）；第三层为品牌判断（Brand Judgments）与品牌感受（Brand Feelings）；第四层为品牌共鸣（Brand Resonance）。基于以上四个层级与六个维度，Keller（2013）认为创建强势品牌需要按照如下四个步骤，其中的每一步都是基于前一步成功实现之上的。第一步，确保消费者对品牌产生认同，确保在消费者的脑海中建立与特定产品或需求相关联的品牌联想；第二步，战略性地把有形、无形的品牌联想与特定资产联系起来，在消费者心智中建立稳固、完整的品牌含义；第三步，引导消费者对品牌做出适当反应；第四步，将消费者对品牌的反应转换为品牌共鸣，消费者和品牌之间紧密、积极、忠诚的关系。Keller（2013）的基于顾客的品牌资产金字塔模型以及创建强势品牌的四部曲得到了广泛的认可与应用。

一些咨询机构也提出了各自的品牌资产模型。

广告公司 Young and Rubicam（Y & R）开发了 BAV 品牌资产模型。BAV品牌资产模型认为品牌资产有四个关键的支柱：有活力的差异化、关联、尊重和知识。有活力的差异化（Energized Differentiation）测量目标品牌与其他品牌不同的程度及其定价权力；关联（Relevance）测量品牌吸引力的适宜度与宽度；尊重（Esteem）测量消费者对质量和忠诚的感知，或者品牌受关注与受尊重的程度；知识（Knowledge）测量消费者对品牌的熟悉与知晓程度。BAV 模型认为：有活力的差异化与关联共同决定品牌地位（Brand Strength），用于预测品牌未来增长价值；尊重与知识共同决定品牌地位（Brand Stature），用于描述当前经营价值。在以品牌地位为横坐标、品牌强度为纵坐标的二维图中，品牌可以归入四个象限。一是领导者，即品牌强度与品牌地位均较高的品牌，如微软、耐克、通用电气等；二是利基者，即品牌强度较高，但品牌地位较低的品牌，如维基百科、AMD 和联想等；三是衰退者，即品牌地位较高但品牌强度较低的品牌，如美国航空、美国银行和 Century 21 等；四是新入者，即品牌地位与品牌强度均较低的品牌，如 BitTorrent、Second Life 和 Lacoste 等。

营销调研咨询公司 Millward Brown 与 WPP 共同开发了 BrandZ 模型，其核心是品牌动力模型（BrandDynamics™ Model）。品牌动力模型包括三个维度：品牌联想、品牌倾向和进入市场。品牌联想（Brand Associations）由三方面来测量：有意义的（Meaningful）、差异的（Different）和显著的（Salient）。品牌倾向（Brand Predisposition）由三方面来测量：权力（Power）、溢价（Premium）和潜力（Potential）。进入市场主要由销售额来反映。品牌动力模型综合考虑消费者与财务绩效两方面来评价品牌资产。

总结以上，上述几个主流的品牌资产模型呈现出怎样的共同特点？不同行业的品牌资产的构成维度及其相对重要性可能是不同的，不同维度之间的相互关系是怎样的？较少有文献就此进行实证检验。很少有文献研究纺织企业的品牌资产。基于此，本书的第四章引入品牌资产理论，结合以上四大品牌资产模型，研究纺织企业品牌资产的构成维度以及各个维度之间的关系。

第五节　消费者纺织品牌态度与购买意向文献述评

基于理性行为理论（Fishbein，Ajzen，1975），在品牌研究领域存在"品牌形象→消费者品牌态度→消费者品牌行为意向"的影响路径。该影响路径对于国家品牌形象（朱战国，李子键，2017）、公司品牌形象（杨一翁等，2015）和目的地品牌形象（Jalilvand et al.，2012）等品牌形象等均成立。

朱战国和李子键（2017）基于来源国形象结构分解的视角，将来源国形象划分为国家形象与国家产品形象两个维度，并在此基础上进一步细分为人文与自然两个层面，基于具体产品探究国家形象、国家产品形象、产品态度与购买意愿之间的关系。通过实地问卷调研收集相关数据，并采用结构方程模型验证理论假设，实证研究发现：国家产品形象在国家形象与产品态度的影响关系中具有部分中介作用，并且由于目标国家选择的关系，这一结论只在人文层面来源国形象效应中得到验证；在国家形象与国家产品形象划分的基础上结合人文/自然来源国形象的概念，拓展性的研究假设得到验证，多维来源国形象效应的作用机制更为明确。

杨一翁等（2015）构建产品、公司和国家品牌对消费者态度与购买倾向的影响模型。以来自五个国家的五家汽车公司的五款汽车产品作为研究对象，以中国消费者作为样本收集数据，并运用结构方程模型等方法分析数据。研究结果表明：产品品牌与国家品牌均对公司品牌有显著的正向影响，且产品品牌的影响更大；产品品牌显著影响消费者购买倾向，但国家品牌对消费者购买倾向的直接影响不显著；公司品牌首先影响消费者态度，再进一步影响消费者购买倾向；消费者对公司品牌的态度对其购买倾向的影响力最强，次之为产品品牌，影响力最弱的是国家品牌。

Jalilvand 等（2012）探索了在旅游行业中在线口碑、目的地形象、游客态度和旅游意向之间的关系，同时探索社会—人口特征对研究变量的影响效应。使用问卷调查法收集到 264 份有效问卷，运用结构方程模型分析数据，研究发现：电子口碑正向影响目的地形象、游客态度和旅游意向；目的地形象与游客态度正向影响旅游意向；目的地形象正向影响游客态度；社会—人口特征影响在线口碑使用、游客态度、旅游意向和目的地形象。

当前，纺织品主要还是买方市场，消费者纺织品牌态度与购买意向对纺织品牌竞争力起决定性作用。然而，很少有文献探索消费者纺织品牌态度与购买意向的影响因素。对于消费者纺织品牌购买决策，"品牌形象→消费者品牌态度→消费者品牌购买意向"的影响路径是否依然成立？在"一带一路"背景下，中国的国家品牌形象是否也会影响消费者对中国纺织品牌的态度与购买意向？答案尚不明朗。解答上述问题有利于为新疆纺织企业分阶段打造有竞争力的纺织知名品牌提出对策与建议。基于此，本书的第五章引入理性行为理论与光环效应模型，探索国家、区域和公司品牌形象之间的关系，以及三者对消费者纺织品牌态度与购买意向的共同影响机制。

第三章　区域、公司和产品品牌形象对消费者与财务视角下的品牌竞争力的影响机制研究

现有文献较少研究区域、公司和产品品牌形象之间的关系，以及三者对品牌竞争力的共同影响机制；此外，在评估品牌竞争力时，现有文献要么是基于消费者视角，要么是基于财务视角，很少同时基于两种视角全面地评估品牌竞争力。基于此，本研究提出下列研究假设，并构建研究模型。

第一节　研究假设与研究模型

产品品牌形象（Product Brand Image）：指产品品牌对外的表现形式，是消费者对于公司旗下产品的整体感知（杨一翁，孙国辉，2013）。第一，从消费者视角分析。Aghekyan – Simonian 等（2012）发现：产品品牌形象直接影响消费者的在线购买意向；同时，产品品牌形象通过降低产品风险，间接影响消费者的在线购买意向。杨一翁和孙国辉（2013）发现：产品品牌形象对消费者态度与购买倾向有显著的正向影响。以上表明：产品品牌形象可能影响消费者视角下的品牌竞争力。第二，从财务视角分析。苹果公司每年只推出一代 iPhone 产品。根据十大品牌网的最新数据，iPhone 高居智能手机品牌形象排行榜第一。2016 年，iPhone 销售超过 2 亿部，其销售收入占苹果公司总收入（约 2000 亿美元）的比例达到 60% 左右。如《爆品战略》作者金错刀所言，"当前，一款爆品就能推平市场"（金错刀，2016），卓越的产品品牌形象可能带来非凡的财务绩效。基于以上论述，本研究提出如下假设。

H1：产品品牌形象正向影响品牌竞争力。

H1a：产品品牌形象正向影响消费者视角下的品牌竞争力。

H1b：产品品牌形象正向影响财务视角下的品牌竞争力。

公司品牌形象（Corporate Brand Image）：指公司品牌对外的表现形式，是外部利益相关者对于公司的整体感知（杨一翁，2015），包括：公司能力与公司社会责任两个维度（田阳等，2009）。第一，从消费者视角分析。Kim 和 Hyun（2011）发现：公司品牌形象影响感知质量，并进一步影响品牌忠诚度与基于消费者的品牌资产。田阳等（2009）发现：公司能力和企业社会责任都能通过可信性及善意影响消费者对产品的购买意向；除间接影响之外，公司能力还直接影响消费者购买意向，但企业社会责任对购买意向没有直接影响；公司能力偏重于影响信任的可信性，企业社会责任偏重于影响信任的善意。杨一翁和孙国辉（2013）发现：公司品牌形象显著地正向影响消费者态度和购买倾向。以上表明：公司品牌形象可能影响消费者视角下的品牌竞争力。第二，从财务视角分析。卢宏亮等（2016）发现：B2B 品牌形象影响 B2B 财务绩效，B2B 企业（如英特尔、通用电气和 IBM 等）大多使用公司品牌战略（Vallaster，Lindgreen，2011），故 B2B 品牌形象展现的就是公司品牌形象。基于此，本研究推测：公司品牌形象正向影响财务绩效。基于以上论述，本研究提出如下假设。

H2：公司品牌形象正向影响品牌竞争力。

H2a：公司品牌形象正向影响消费者视角下的品牌竞争力。

H2b：公司品牌形象正向影响财务视角下的品牌竞争力。

光环效应（Halo Effect）：指从对象的某种特征推及对象的总体特征，从而产生美化或丑化对象的一种心理定式（范庆基，2011）。Han（1989）提出光环效应模型，认为：当消费者不太熟悉来自某国的产品时，国家形象影响消费者对产品属性的信念，进而影响其品牌态度。学者们进一步发现：区域形象对区域产品（李东进等，2007）、目的地形象对当地产品（Lee，Lockshin，2011）、店铺形象对自有品牌（Jin et al.，2011）等影响关系也存在光环效应。本研究以天山纺织羊绒衫为研究对象，服装是一种低介入度产品（潘煜等，2012），消费者不太熟悉，此时区域品牌形象发挥光环效应。区域品牌形象包括：政府治理、自然禀赋和人口素质三个维度（杨杰，2008）。由于新疆区域的特殊性，本研究发现：政府治理、自然禀赋和人口素质不能聚合为一个二阶构念（见后文表3-8）。原因在于：受访者对新疆的自然禀赋与人口素质的评价显著地高于政府治理，这可能是由于《瞭望东方周刊》2013年第28期封面报道提及的政府治理新疆的特殊性所致。基于此，本研究分别探索政府治理、自然禀赋和人口素质对产品与公司品牌形象的影响。基于光环效应模型（Han，1989），当进行低介入购买决策时，如果某个区域在政府治理、自然禀赋和人口素质等方面的形象好（杨杰，2008），消费者可能"爱屋及乌"地对来自该区域的产品与公司产生好感。

学者们发现：当向消费者同时呈现国家、公司和产品品牌形象等多种购买决策线索时，国家品牌形象对消费者决策的影响力下降。区域与国家品牌形象均为次级品牌杠杆（Keller，2013）。本研究同时向消费者呈现区域、公司和产品品牌线索，将使区域品牌形象对消费者决策的影响力下降。因此，本研究推测：区域品牌形象对消费者与财务视角下的品牌竞争力的直接影响可能较弱，而可能通过产品与公司品牌形象两个中介变量间接影响消费者与财务视角下的品牌竞争力。

基于以上论述，本研究提出如下假设。

H3：产品品牌形象对区域品牌形象对消费者视角下的品牌绩效的影响关系起中介作用。

H3a：产品品牌形象对政府治理对消费者视角下的品牌绩效的影响关系起中介作用。

H3b：产品品牌形象对自然禀赋对消费者视角下的品牌绩效的影响关系起中介作用。

H3c：产品品牌形象对人口素质对消费者视角下的品牌绩效的影响关系起中介作用。

H4：产品品牌形象对区域品牌形象对财务视角下的品牌绩效的影响关系起中介作用。

H4a：产品品牌形象对政府治理对财务视角下的品牌绩效的影响关系起中介作用。

H4b：产品品牌形象对自然禀赋对财务视角下的品牌绩效的影响关系起中介作用。

H4c：产品品牌形象对人口素质对财务视角下的品牌绩效的影响关系起中介作用。

H5：公司品牌形象对区域品牌形象对消费者视角下的品牌绩效的影响关系起中介作用。

H5a：公司品牌形象对政府治理对消费者视角下的品牌绩效的影响关系起中介作用。

H5b：公司品牌形象对自然禀赋对消费者视角下的品牌绩效的影响关系起中介作用。

H5c：公司品牌形象对人口素质对消费者视角下的品牌绩效的影响关系起中介作用。

H6：公司品牌形象对区域品牌形象对财务视角下的品牌绩效的影响关系起中介作用。

H6a：公司品牌形象对政府治理对财务视角下的品牌绩效的影响关系起中介作用。

H6b：公司品牌形象对自然禀赋对财务视角下的品牌绩效的影响关系起中介作用。

H6c：公司品牌形象对人口素质对财务视角下的品牌绩效的影响关系起中介作用。

此外，杨一翁和孙国辉（2013）发现：当消费者对产品不太熟悉时，公司品牌形象发挥"光环效应"，正向影响产品品牌形象。本研究不再重复验证两者之间的关系。

最后，很多文献已经验证：基于消费者的品牌资产正向影响财务绩效（Aydin，Ulengin，2015；Kim et al.，2003）。消费者与财务视角下的品牌竞争力之间的关系与之类似，本研究不再重复检验。

综上所述，本研究构建区域、公司和产品品牌形象对消费者与财务视角下的品牌竞争力的影响机制模型，如图3-1所示。

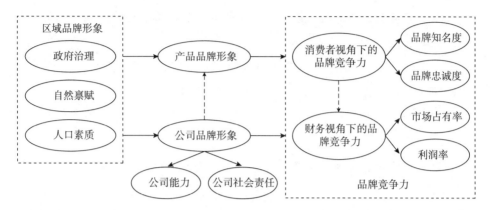

图 3 - 1 区域、公司和产品品牌形象对消费者与财务视角下的品牌竞争力的影响机制模型

注：公司品牌形象为二阶构念，包括两个一阶构念：公司能力与公司社会责任（Brown，Dacin，1997）；消费者视角下的品牌竞争力为二阶构念，包括两个一阶构念：品牌知名度、品牌忠诚度；财务视角下的品牌竞争力为二阶构念，包括两个一阶构念：市场占有率、利润率（姜岩，董大海，2008）。

资料来源：作者自绘。

第二节　研究方法

一、问卷设计

为探索区域品牌形象对品牌竞争力的影响，本研究选择新疆天山纺织公司作为研究对象。问卷共包括八个部分：政府治理、自然禀赋、人口素质、公司品牌形象、产品品牌形象、消费者视角下的品牌竞争力、财务视角下的品牌竞争力和个人信息。除个人信息之外，其他测项均使用七点李克特量表进行测量。1 表示"完全不同意"；7 表示"完全同意"。问卷中的测项主要来源于现有文献，并根据本研究的实际情况进行了修订，如表 3 - 1 所示。

表 3 - 1 构念、测项及其来源

二阶构念	一阶构念	测项内容	测项来源
公司品牌形象	公司能力	天山纺织的实力很强	田阳等（2009）
		天山纺织的创新能力很强	
		天山纺织意味着高品质	

续表

二阶构念	一阶构念	测项内容	测项来源
公司品牌形象	公司社会责任	天山纺织具有社会责任感	田阳等 (2009)
		天山纺织大力支持公益事业	
		天山纺织有良好的社会道德	
消费者视角下的品牌竞争力	品牌知名度	天山纺织在行业内非常有名	Baldauf et al. (2009)
		我知道天山纺织	
		在众多竞争者中，我能识别出天山纺织	
		天山纺织的品牌形象在我脑海中是清晰的	
		我能够回想起天山纺织的某些特征	
	品牌忠诚度	我是天山纺织的忠实顾客	
		天山纺织是我的优先选择	
		在未来几年，我会继续购买天山纺织的产品	
		我会鼓励亲朋好友购买天山纺织的产品	
		我愿意推荐天山纺织的产品给身边的人	
财务视角下的品牌竞争力	市场占有率	与主要的竞争对手相比，天山纺织的销量一直在迅速增长	Zou, Cavusgil (2002)
		天山纺织的市场占有率很高	
		天山纺织的市场占有率很低（反向测项，用于删除无效样本）	
	利润率	与主要的竞争对手相比，天山纺织的产品是非常赚钱的	
		天山纺织的利润率很高	
		天山纺织的利润率很低（反向测项，用于删除无效样本）	
产品品牌形象		天山羊绒衫十分舒适	Martinez et al. (2008)
		天山羊绒衫纯真自然	
		天山羊绒衫货真价实	
		天山羊绒衫亲近大众	
		天山羊绒衫质朴无华	
政府治理		新疆政府的政策透明度高	杨杰 (2008)
		新疆政府是高效的	
		新疆政府是廉洁的	
		新疆的基础设施完善	
		新疆的对外开放程度高	
自然禀赋		新疆的气候宜人	
		新疆的环境优美	
		新疆的地理位置优越	
		新疆的资源丰富	

续表

二阶构念	一阶构念	测项内容	测项来源
人口素质		新疆人民很友善	杨杰（2008）
		新疆人民讲礼仪	
		新疆人民很勤劳	

资料来源：作者编制。

二、数据收集

新疆天山毛纺织股份有限公司于 1980 年成立，是一家以生产高档羊绒衫、高档羊毛衫为主的现代化股份制纺织企业。从创立之初，新疆天山纺织公司就以中国首批、全国纺织行业和新疆维吾尔自治区第一家的地位载入我国中外合资企业史册，先后五次跻身全国"十大最佳合资企业"之列，并曾荣登榜首；被国务院企业评价中心评为全国 500 家经济效益最佳企业；纺织行业十强，新疆纺织行业第一名。新疆天山纺织是新疆纺织行业少数的全国知名品牌之一，在十大品牌网评出的羊毛衫品类全国十大品牌中排名第六。

本研究以新疆天山纺织的员工与顾客作为调查对象，使用纸质与在线问卷调查相结合的方式，在新疆与北京两地收集数据。其中，纸质问卷调查在天山纺织的公司内部、专卖店和商场专柜等地进行，使用系统抽样法收集数据；在线问卷调查使用"问卷星"创建与发布问卷，通过微信，使用滚雪球抽样法收集数据。同时，本研究还使用访谈法，对天山纺织的员工与顾客进行深度访谈，调查天山纺织品牌建设的现状、存在的问题和产生问题的原因等。数据收集从 2017 年 4 月开始，至 6 月结束，历时三个月，共收回有效问卷 451 份，其中有效问卷 390 份，样本特征如表 3 - 2 所示。

表 3 - 2　样本特征

项目	分类	人数（人）	百分比（%）
所在地区	北京	125	32.1
	新疆	265	67.9
受访者类型	员工	127	32.6
	顾客	263	67.4

续表

项目	分类	人数（人）	百分比（%）
性别	男性	157	40.3
	女性	233	59.7
年龄（岁）	18 以下	3	0.8
	18～28	233	59.7
	29～40	49	12.6
	41～48	57	14.6
	49～55	43	11.0
	55 以上	5	1.3
教育程度	高中及以下	46	11.8
	大学专科	63	16.2
	大学本科	237	60.8
	硕士	34	8.7
	博士	10	2.6
月收入（元）	2000 以下	92	23.6
	2000～4999	193	49.5
	5000～9999	76	19.5
	1 万～2 万	23	5.9
	2 万以上	6	1.5
平均每月用于购买服饰的支出（元）	200 以下	52	13.3
	200～499	169	43.3
	500～999	112	28.7
	1000～2000	38	9.7
	2000 以上	19	4.9

资料来源：作者编制。因四舍五入，数据总和可能不为 100%。

三、统计分析方法

本研究构建的研究模型较复杂，共包括 13 个构念，其中公司品牌形象、消费者视角下的品牌竞争力和财务视角下的品牌竞争力为二阶构念（图 3-1）。偏最小二乘结构方程模型（PLS-SEM）在处理复杂的结构模型时独具优势（Hair et al.，2014）。因此，本研究主要使用 SmartPLS v. 3. 2. 6 软件进行数据分析。如

图3-1所示，产品品牌形象这个构念受到政府治理、自然禀赋、人口素质和公司品牌形象四个构念影响，为所有构念中最多。根据文献的建议（Hair et al., 2014），在 $\alpha = 0.05$ 的显著性水平下，要检验出最小 0.10 的 R^2 值，最小样本量为137个。本研究的有效样本量为390个，满足要求。

第三节　数据分析

一、外模型

在 PLS-SEM 中，指标变量与潜在构面之间的关系称为外模型。

（一）信度检验

所有测项的因子载荷均大于 0.7 的限制性水平，各构念的 Cronbach's α 与组成信度（CR）均大于 0.7 的限制性水平，这表明量表有良好的信度（Hair et al., 2014），如表3-3所示。

表3-3　信度检验与收敛效度检验

二阶构念	一阶构念	测项	平均值（标准差）	因子载荷	Cronbach's α	CR	AVE
公司品牌形象	公司能力	CA1	4.59 (1.35)	0.790	0.867	0.918	0.790
		CA2	4.33 (1.34)	0.725			
		CA3	4.85 (1.35)	0.824			
	公司社会责任	CSR1	5.08 (1.01)	0.861			
		CSR2	5.17 (1.07)	0.768			
		CSR3	5.24 (1.05)	0.806			
消费者视角下的品牌竞争力	品牌知名度	BA1	4.69 (1.37)	0.704	0.916	0.938	0.753
		BA2	5.21 (1.53)	0.797			
		BA3	4.54 (1.65)	0.856			
		BA4	4.44 (1.58)	0.849			
		BA5	4.47 (1.58)	0.878			
	品牌忠诚度	BL1	4.54 (1.52)	0.897	0.936	0.951	0.796
		BL2	4.58 (1.56)	0.898			
		BL3	4.89 (1.26)	0.844			
		BL4	5.10 (1.23)	0.795			
		BL5	5.29 (1.26)	0.788			

二阶构念	一阶构念	测项	平均值 （标准差）	因子载荷	*Cronbach's α*	*CR*	*AVE*
财务视角下的品牌竞争力	市场占有率	MS1	4.62 （1.20）	0.835	0.844	0.906	0.763
		MS2	4.50 （1.16）	0.873			
		MS3	4.51 （1.33）	0.800			
	利润率	PR1	4.38 （1.17）	0.848	0.820	0.893	0.736
		PR2	4.42 （1.12）	0.839			
		PR3	4.43 （1.23）	0.763			
政府治理		GM1	4.56 （1.18）	0.843	0.875	0.909	0.667
		GM2	4.57 （1.19）	0.857			
		GM3	4.61 （1.11）	0.837			
		GM4	4.61 （1.24）	0.780			
		GM5	4.87 （1.37）	0.762			
自然禀赋		NT1	5.51 （1.37）	0.809	0.792	0.861	0.609
		NT2	6.12 （1.00）	0.773			
		NT3	5.48 （1.53）	0.832			
		NT4	6.08 （1.02）	0.702			
人口素质		PQ1	5.75 （1.23）	0.872	0.829	0.898	0.746
		PQ2	5.76 （1.17）	0.911			
		PQ3	5.77 （1.11）	0.805			
产品品牌形象		PBI1	5.47 （1.11）	0.872	0.933	0.949	0.788
		PBI2	5.63 （1.04）	0.917			
		PBI3	5.58 （1.08）	0.906			
		PBI4	5.55 （1.12）	0.890			
		PBI5	5.47 （1.08）	0.852			

资料来源：作者编制。

（二）效度检验

1. 收敛效度

如表 3－3 所示，各构念的 *AVE* 均大于 0.5 的限制性水平（Hair et al.，2014），这表明量表有良好的收敛效度。

2. 区别效度

每个构念的 *AVE* 的平方根值均大于它与其他构念的相关系数（Hair et al.，2014），这表明量表有良好的区别效度，如表 3 - 4 所示。

表 3 - 4　区别效度检验

构念	产品品牌形象	人口素质	公司品牌形象	政府治理	消费者视角下的品牌竞争力	自然禀赋	财务视角下的品牌竞争力
产品品牌形象	**0.888**						
人口素质	0.463	**0.864**					
公司品牌形象	0.630	0.529	**0.797**				
政府治理	0.485	0.380	0.580	**0.817**			
消费者视角下的品牌竞争力	0.654	0.479	0.737	0.496	**0.833**		
自然禀赋	0.452	0.593	0.518	0.357	0.459	**0.780**	
财务视角下的品牌竞争力	0.424	0.454	0.757	0.422	0.687	0.486	**0.827**

注：对角线上的粗体数值为各构念的 *AVE* 的平方根值，其他数值为构念之间的相关系数。

资料来源：作者编制。

（三）数据同源偏差分析

本研究参考黄敏学等（2015）使用的方法进行同源偏差分析。第一，为了避免由同一位调查对象填写问卷造成的同源偏差问题，本研究在某些构念的测项中设置判别性的反向测项。例如，在测量"市场占有率"的测项中，本研究特意加入一个反向的判别测项"天山纺织的市场占有率很低"，通过这些判别性的反向测项来排除那些明显自相矛盾的样本。第二，本研究采用两种方法对数据进行检验。第一种方法是 Harman 的单因子检验法，即对全部构念的测项进行探索性因子分析，如果未旋转之前的第一个因子方差解释率超过50%，表明同源偏差较大。SPSS 18.0 软件分析的结果表明，第一个因子的方差解释率为 43.794%，小于 50%，说明数据的同源偏差在可接受的范围之内。第二种方法是检验构念之间的相关系数，如果构念之间的相关系数大于 0.9，表明同源偏差较大。由表 3 - 4 可知，构念之间的相关系数最大者为 0.757，小于 0.9，表明本研究的测量数据是可靠的。由以上可知，本研究的数据同源偏差问题不严重。

（四）多重共线性检验

根据文献的建议（Hair et al.，2014），本研究通过以下两个步骤检验多重共线性。第一步，使用方差膨胀因子（Variance Inflation Factor，VIF）进行多重共线性检验，如果 VIF 大于 5，表明多重共线性问题较严重。数据分析结果显示，构念之间的 VIF 最大者为 2.248，表明变量之间的多重共线性不严重。第二步，本研究采用 Bootstrapping 抽样 5000 次，发现所有测项的外部权重（Outer Weights）均在 $\alpha = 0.05$ 的显著性水平下显著。以上两个步骤表明，变量之间的多重共线性不严重，所有测项均保留。

最后，根据文献的建议（Hair et al.，2014），偏最小二乘结构方程模型无需检验模型的拟合优度。

二、内模型

在 PLS - SEM 中，潜在构面之间的关系称为内模型。

（一）路径系数的显著性检验

根据文献的建议（Hair et al.，2014），本研究采用 Bootstrapping 抽样 5000 次，得到内模型的路径分析与假设检验结果，如表 3 - 5 所示。

表 3 - 5　路径系数的显著性检验

研究假设	结构模型路径	路径系数	t 值	p 值	检验结果
	政府治理→产品品牌形象	0.132	2.399	0.017	显著
	自然禀赋→产品品牌形象	0.122	2.087	0.037	显著
	人口素质→产品品牌形象	0.113	2.022	0.044	显著
	政府治理→公司品牌形象	0.415	9.110	0.000	显著
	自然禀赋→公司品牌形象	0.219	4.441	0.000	显著
	人口素质→公司品牌形象	0.239	4.416	0.000	显著
H1a	产品品牌形象→消费者视角下的品牌竞争力	0.297	7.205	0.000	支持
H1b	产品品牌形象→财务视角下的品牌竞争力	-0.216	5.452	0.000	没有得到支持

研究假设	结构模型路径	路径系数	t 值	p 值	检验结果
H2a	公司品牌形象→消费者视角下的品牌竞争力	0.548	13.062	0.000	支持
H2b	公司品牌形象→财务视角下的品牌竞争力	0.603	11.812	0.000	支持
	公司品牌形象→产品品牌形象	0.445	7.721	0.000	显著
	消费者视角下的品牌竞争力→财务视角下的品牌竞争力	0.384	6.976	0.000	显著

注：Bootstrapping 抽样 5000 次，检验类型为双尾检验，显著性水平 $\alpha = 0.05$。

资料来源：作者编制。

如表 3 - 5 所示，产品品牌形象显著地正向影响消费者视角下的品牌竞争力，H1a 得到支持；然而，产品品牌形象对财务视角下的品牌竞争力的影响却显著为负向，H1b 没有得到支持；公司品牌形象显著地正向影响消费者与财务视角下的品牌竞争力，H2a 与 H2b 得到支持。此外，当消费者进行纺织品购买决策（低介入购买决策）时，公司品牌形象显著地正向影响产品品牌形象；消费者视角下的品牌竞争力显著地正向影响财务视角下的品牌竞争力，这与现有文献的研究结论一致（Aydin，Ulengin，2015；Kim et al.，2003；杨一翁，孙国辉，2013）。

（二）中介效应检验

本研究使用 Sobel 检验（Sobel，1982）、Aroian 检验（Aroian，1947）和 Goodman 检验（Goodman，1960）进行中介效应检验，如表 3 - 6 所示。

表 3 - 6　中介效应检验

研究假设	构念关系	衡量构念	路径系数 t 值	Sobel 检验的 z 值	Aroian 检验的 z 值	Goodman 检验的 z 值	检验结果
H3a	GM→PBI→CBC	GM→PBI	2.399	2.276 *	2.257 *	2.296 *	支持
		PBI→CPC	7.205				
H4a	GM→PBI→FBC	GM→PBI	2.399	2.196 *	2.166 *	2.227 *	支持
		PBI→FBC	5.452				
H3b	NT→PBI→CBC	NT→PBI	2.087	2.005 *	1.987 *	2.023 *	支持
		PBI→CBC	7.205				

续表

研究假设	构念关系	衡量构念	路径系数 t 值	Sobel 检验的 z 值	Aroian 检验的 z 值	Goodman 检验的 z 值	检验结果
H4b	NT→PBI→FBC	NT→PBI	2.087	1.950	1.921	1.978*	一定程度的支持
		PBI→FBC	5.452				
H3c	PQ→PBI→CBC	PQ→PBI	2.022	1.947	1.930	1.964*	一定程度的支持
		PBI→CBC	7.205				
H4c	PQ→PBI→FBC	PQ→PBI	2.022	1.896	1.868	1.924	没有得到支持
		PBI→FBC	5.452				
H5a	GM→CBI→CBC	GM→CBI	9.110	7.472***	7.457***	7.487***	支持
		CBI→CBC	13.062				
H6a	GM→CBI→FBC	GM→CBI	9.110	7.214***	7.198***	7.230***	支持
		CBI→FBC	11.812				
H5b	NT→CBI→CBC	NT→CBI	4.441	4.205***	4.194***	4.216***	支持
		CBI→CBC	13.062				
II6b	NT→CBI→FBC	NT→CBI	4.441	4.157***	4.144***	4.170***	支持
		CBI→FBC	11.812				
H5c	PQ→CBI→CBC	PQ→CBI	4.416	4.183***	4.172***	4.194***	支持
		CBI→CBC	13.062				
H6c	PQ→CBI→FBC	PQ→CBI	4.416	4.136***	4.123***	4.149***	支持
		CBI→FBC	11.812				

注：GM 指政府治理；NT 指自然禀赋；PQ 指人口素质；PBI 指产品品牌形象；CBI 指公司品牌形象；CBC 指消费者视角下的品牌竞争力；FBC 指财务视角下的品牌竞争力。* 表示 p 值 < 0.05；** 表示 p 值 < 0.01；*** 表示 p 值 < 0.001。

资料来源：作者编制。

如表 3−6 所示，产品品牌形象对政府治理对消费者与财务视角下的品牌绩效的影响关系的中介效应均是显著的，H3a 与 H4a 得到支持；产品品牌形象对自然禀赋对消费者视角下的品牌绩效的影响关系的中介效应是显著的，但产品品牌形象对自然禀赋对财务视角下的品牌绩效的影响关系的中介效应为边界显著，H3b 得到支持，H4b 得到一定程度的支持；产品品牌形象对人口素质对消费者视角下的品牌绩效的影响关系的中介效应为边界显著，产品品牌形象对人口对财务视角下的品牌绩效的影响关系的中介效应不显著，H3c 得到一定程度的支持，H4c 没有得到支持；公司品牌形象对区域品牌形象（政府治理、自然禀赋、人口素质）对消费者与财务视角下的品牌绩效的影响均是显著的，H5a、H5b、H5c、H6a、H6b 和 H6c 均得到支持。

（三）总效应检验

总效应检验结果如表 3 – 7 所示。

表 3 – 7　总效应检验

结构模型路径	总效应	t 值	p 值	总效应显著性
政府治理→消费者视角下的品牌竞争力	0.321	8.712	0.000	显著
政府治理→财务视角下的品牌竞争力	0.305	8.368	0.000	显著
自然禀赋→消费者视角下的品牌竞争力	0.186	5.499	0.000	显著
自然禀赋→财务视角下的品牌竞争力	0.156	3.966	0.000	显著
人口素质→消费者视角下的品牌竞争力	0.196	4.976	0.000	显著
人口素质→财务视角下的品牌竞争力	0.172	3.932	0.000	显著
公司品牌形象→消费者视角下的品牌竞争力	0.681	22.468	0.000	显著
公司品牌形象→财务视角下的品牌竞争力	0.769	31.245	0.000	显著
产品品牌形象→消费者视角下的品牌竞争力	0.297	7.205	0.000	显著
产品品牌形象→财务视角下的品牌竞争力	− 0.102	2.298	0.022	显著
消费者视角下的品牌竞争力→财务视角下的品牌竞争力	0.384	6.976	0.000	显著

注：Bootstrapping 抽样 5000 次，检验类型为双尾检验，显著性水平 $\alpha = 0.05$。总效用 = 直接效应 + 间接效应。

资料来源：作者编制。

如表 3 – 7 所示，政府治理、自然禀赋、人口素质、公司品牌形象和产品品牌形象对消费者与财务视角下的品牌竞争力的总效应均是显著的。五者对消费者视角下的品牌竞争力的总效应大小依次为：公司品牌形象＞政府治理＞产品品牌形象＞人口素质＞自然禀赋；五者对财务视角下的品牌竞争力的总效应大小依次为：公司品牌形象＞政府治理＞人口素质＞自然禀赋＞产品品牌形象（负向影响）。可见，公司品牌形象对消费者与财务视角下的品牌竞争力的总效应均为最强。

（四）多群组比较

本研究将各个构念的测项取平均值，得到多群组比较结果，如表 3 – 8 所示。

表3–8　多群组比较

测项	新疆	北京	员工	顾客
政府治理	4.81	4.28	5.10	4.42
自然禀赋	5.96	5.45	6.10	5.65
人口素质	5.93	5.39	6.04	5.62
公司品牌形象	5.12	4.30	5.40	4.59
产品品牌形象	5.63	5.35	6.08	5.28
消费者视角下的品牌竞争力	5.08	4.13	5.73	4.32
财务视角下的品牌竞争力	4.81	3.77	5.17	4.14

资料来源：作者编制。

如表 3 – 8 所示，方差分析的结果表明：新疆的受访者对政府治理、自然禀赋和人口素质等七个变量的评价均显著地高于北京的受访者；员工对以上七个变量的评价均显著地高于顾客。此外，新疆与北京两地的受访者对新疆的自然禀赋与人口素质的评价显著地高于政府治理，这也导致这三个区域品牌形象的维度不能聚合为一个二阶构念。

（五）解释力检验

根据文献的建议（Hair et al.，2014），当研究市场营销问题时，若 R^2 值为 0.75、0.50 和 0.25，分别表示强、中等和弱的解释力。在本研究构建的结构模型中，消费者视角下的品牌竞争力被解释的 R^2 值（方差）为 0.614，财务视角下的品牌竞争力的 R^2 值为 0.645，产品品牌形象的 R^2 值为 0.464，这表明模型的解释力良好。

第四节　结论与讨论

一、研究结论

第一，区域品牌在消费者的纺织品购买决策中发挥光环效应。当消费者进行低介入购买决策时（Solomon，2017），如购买服饰、运动鞋和箱包等时（杨一翁，2017），区域品牌形象发挥"光环作用"，即区域品牌形象通过中介变量产品与公司品牌形象间接影响消费者及财务视角下的品牌竞争力。此外，产品品牌形象的中介效应较弱；公司品牌形象的中介效应较强。在区域品牌形象的三个维度中，政府治理对消费者与财务视角下的品牌竞争力的总效应均为最强；自然禀赋对消费者与财务视角下的品牌竞争力的总效应均较弱。这表明：新疆得天独厚的纺织品牌资源优势并不会自动转化为新疆纺织品牌强大的竞争力；新疆政府、新疆纺织行业协会、产业联盟和新疆纺织企业等各方应该共同努力，打造有竞争力的新疆区域品牌，使新疆纺织企业在其光环效应下得到普惠。

第二，公司品牌形象对消费者纺织品购买决策的影响最为重要。公司品牌形象显著地正向影响消费者与财务视角下的品牌竞争力，且在所有影响因素中，公司品牌形象对两者的总效应均为最强。这表明：中国企业要提升品牌竞争力，当务之急是树立卓越的公司品牌形象。公司品牌战略在中国市场上之所以如此重要，是因为中国人普遍具有整体性思维，注重事物之间在整体上的联系（连淑能，2002），中国消费者在进行购买决策时，大多遵循"公司→产品"的思维模式（吴水龙，卢泰宏，2009），一款产品是否系出名门至关重要，这强化了公司品牌形象在中国消费者购买决策过程中的作用。

第三，产品品牌形象显著地正向影响消费者与财务视角下的品牌竞争力，但其总效应不及公司品牌形象。在分别以绿色产品（Chang，Fong，2010）、运动品（杨一翁，孙国辉，2013）和汽车（杨一翁等，2015）等作为研究对象，研究公司与产品品牌形象对消费者态度与购买意向的共同影响时，学者们也得出了类似的结论。这进一步表明：中国企业在设计品牌架构与品牌组合时（Aaker，2004；Keller，2013），应突出公司品牌的显著性。此外，本研究发现：产品品牌形象对财务视角下的品牌竞争力的影响是负向的。可能的原因为：天山纺织将"天山"牌羊绒衫的产品品牌形象定位于"货真价实、质朴无华、亲近大众"，价格过于便宜，导致利润率不高，降低了财务视角下的品牌竞争力。这表明：在当前"消费升级"的大背景下，中国企业使用"薄利多销"策略需谨慎，这种策略虽然在短期内能提高企业的销量，但在长期却会降低品牌竞争力。新疆纺织企业应该积极转型升级，提高产品附加值与品牌溢价，提升财务视角下的品牌竞争力。

第四，新疆纺织业缺少全国与国际知名品牌，很多新疆纺织企业患有"营销近视症"。新疆的受访者对公司品牌形象、产品品牌形象和品牌竞争力的评价显著地高于北京的受访者。这表明：天山纺织在品牌建设上尚处于新疆区域知名品牌阶段，称不上全国知名品牌，离国际知名品牌更是差距巨大。员工对公司品牌形象、产品品牌形象和品牌竞争力的评价显著地高于顾客。员工的普遍看法是"天山的产品是好东西，但宣传不够，很多顾客不知道"。这表明：天山纺织患有"营销近视症"，把主要精力放在产品上，而不重视市场需求，导致顾客认识不到新疆纺织品牌的优良品质，在购买纺织品时不会将其作为首选品牌，也不愿意为其付出品牌溢价。

二、理论贡献

本研究的理论贡献主要在于研究内容与研究视角两方面。

第一，在研究内容上，基于光环效应模型，进一步厘清了区域、公司和产品品牌形象之间的关系，以及三者对品牌竞争力的影响机制。区域品牌形象通过中介变量产品与公司品牌形象间接影响品牌竞争力；产品品牌形象的中介效应较弱；公司品牌形象的中介效应较强。上述研究成果将进一步丰富品牌形象与品牌竞争力理论研究，进一步扩展光环效应模型在品牌研究领域的应用。

第二，在研究视角上，同时基于消费者与财务两种视角，全面地评估了品牌竞争力。消费者视角下的品牌竞争力最终影响财务视角下的品牌竞争力。企业开展品牌建设工作，需要评估品牌建设的成果，既需要捕获消费者心智，又需要最终获得市场业绩。本研究将为全面、系统地评估品牌绩效提供理论参考。

三、管理决策启示

根据上述研究成果，本研究为提升新疆纺织企业品牌竞争力提出如下三条管理决策建议。

第一，建议新疆纺织企业使用公司品牌战略，树立卓越的公司品牌形象。

建议新疆纺织企业使用公司品牌战略，在设计其品牌架构与品牌组合时（Aaker，2004；Keller，2013），突出公司品牌的显著性。在公司内部，用公司愿景指引与激励股东、管理者和员工等内部利益相关者；在公司外部，在以消费者为代表的外部利益相关者心智中树立卓越的公司形象；以核心价值观（对内）与行为规范（对外）同时向内、外部利益相关者传播公司文化。公司品牌形象包括：公司能力与公司社会责任两个维度（田阳等，2009）。首先，公司能力主要包括专业、创新和研发三种能力（杨一翁，2015）。天山纺织的主要问题是创新与研发能力不强，很多员工提到"公司的创新与研发能力不强，缺少设计人才"。建议天山纺织在创新与研发上大力投入，肯下血本吸引与留住人才，聘请国际顶尖设计师。其次，公司还需要在劳工权益、环保和慈善公益等方面尽到社会责任。在"一带一路"倡议背景下，新疆企业正在走向海外。在国际市场上，国际公众对跨国公司的社会责任问题越来越关注（张宏等，2014），想要树立卓越的国际形象，中国跨国公司需要提高在海外市场的社会责任表现。

第二，建议新疆纺织品牌充分利用新疆区域品牌的光环效应，加速提升新疆纺织品牌竞争力。

建议新疆纺织企业利用新疆美好的区域品牌联想，打造新疆特色品牌。首先，"天山"的品牌名称让消费者自然地产生美好的联想。天山是世界七大山系之一，天山天池是国家级5A景区——天山纺织应该利用好这一得天独厚的品牌资源，合理运用品牌元素，构建消费者对"天山"美好的品牌联想。其次，面料对于纺织品的最终质量十分重要（季莉，贺良震，2014）。新疆的羊绒与棉花无论是产量还是质量都处于全国领先地位。天山纺织在京东商城开设了天山旗舰店。然而，在店内天山羊绒衫产品的页面下，却看不到任何与新疆有关的信息。建议天山纺织充分利用新疆区域品牌形象的"光环效应"，例如：在产品网页增加面料的介绍，突出新疆羊绒（"软黄金"）绒细、绒长和光泽度好的特色，强调使用新疆羊绒制成的羊绒制品具有滑糯、柔和及贴服性好的优点，并特别注明新疆羊绒是高端产品的主要面料来源。最后，"民族的就是世界的"，在产品设计上，可以增加一些新疆特色元素，突出天山品牌"热情、时尚、个性"的新疆特色。

第三，建议新疆纺织企业积极主动进行转型升级，提高产品附加值，打造高端纺织品牌。

很多顾客提到"天山的产品质量没问题，但款式比较老气、不时尚"，员工认为产生该问题的原因在于"公司设计人才稀缺，研发设计能力弱"；与此同时，很多顾客还表示"天山的竞争对手恒源祥的广告做得很好，家喻户晓，但基本上看不到天山的广告"，员工也表示"一直以来，公司就重生产轻营销，产品很好，但不怎么做营销，很多顾客都不知道"。根据宏碁集团创始人施振荣提出的"微笑曲线"理论（施振荣，2014），在产业链中，高附加值更多体现在两端，即研发与营销，处于中间环节的生产制造附加值最低。天山纺织不重视研发、不重视营销、不重视品牌建设，导致产品价格上不去、公司利润低、品牌竞争力弱。建议新疆纺织企业积极进行转型升级，运用李飞等提出的定位钻石模型（李飞等，2005；李飞等，2006；李飞，刘茜，2004），对自己的品牌进行重新定位，运用 Keller（2013）提出的创建强势品牌的四部曲，把自己的品牌打造为"源自新疆的高端羊绒品牌"，逐步提高产品价格，提升品牌溢价与公司利润率，最终提高品牌竞争力。

四、未来研究展望

本研究实证检验了区域、公司和产品品牌形象之间的关系，以及三者对消费者与财务视角下的品牌竞争力的影响。现有文献认为，区域品牌形象包括：政府治理、自然禀赋和人口素质三个维度（杨杰，2008）。本研究以新疆纺织业为研究对象，受访者对新疆的自然禀赋与人口素质的评价显著地高于政府治理，这导致政府治理、自然禀赋和人口素质不能聚合为区域品牌形象这个二阶构念，使本研究需要检验的假设较多。同时，本研究以天山纺织羊绒衫作为研究对象，服装是一种低介入度产品（潘煜等，2012），消费者不太熟悉，此时区域品牌形象发挥光环效应（Han，1989）。如果以汽车（杨一翁等，2017）、手机（姚杰等，2008）和家电（朱凌等，2013）等高介入度产品作为研究对象，区域、公司和产品品牌形象之间可能形成不同的关系（Han，1989），三者对品牌竞争力的影响机制也可能发生变化。建议未来的研究选择更多的区域、行业和产品收集数据，以进一步验证与扩展本研究的结论。

第四章　分层级的新疆纺织品牌资产研究

首先，不同学者与不同管理咨询机构提出的品牌资产模型是不同的，这些模型有什么共通之处？其次，不同行业的品牌资产的构成维度及其相互之间的关系可能是不同的，但较少有文献就此进行实证检验。最后，很少有文献研究纺织企业的品牌资产。基于此，第四章引入品牌资产理论以及各大品牌资产模型，使用焦点小组访谈法、深度访谈法和问卷调查法，研究纺织企业品牌资产的构成维度以及各个维度之间的关系。

第一节　研究模型与研究假设

Aaker（1991）构建品牌资产五星模型，认为品牌资产主要包括五个维度：品牌知名度、感知质量、品牌联想、品牌忠诚度和其他品牌资产。

Keller（2013）提出基于顾客的品牌资产金字塔模型，认为品牌资产分为四个层级：第一层为品牌显著度；第二层为品牌表现与品牌形象；第三层为品牌判断与品牌感受；第四层为品牌共鸣。一些咨询机构也构建了各自的品牌资产模型。

广告公司 Young and Rubicam（Y&R）开发了 BAV 品牌资产模型。BAV 品牌资产模型认为品牌资产有四个关键的支柱：有活力的差异化、关联、尊重和知识。有活力的差异化测量目标品牌与其他品牌不同的程度及其定价权力，类似于 Aaker 模型中的品牌联想以及 Keller 模型中的品牌形象；关联测量品牌吸引力的适宜度与宽度；尊重测量消费者对质量和忠诚的感知，或者品牌受关注与受尊重的程度，类似于 Aaker 模型中的品牌忠诚度以及 Keller 模型中的品共鸣；知识测量消费者对品牌的熟悉与知晓程度，类似于 Aaker 模型中的品牌知名度以及 Keller 模型中的品牌共鸣。BAV 模型认为：有活力的差异化与关联共同决定品牌地位，用于预测品牌未来增长价值；尊重与知识共同决定品牌地位，用于描述当前经营价值。在以品牌地位为横坐标、品牌强度为纵坐标的二维图中，品牌可以归入四个象限。一是领导者，即品牌强度与品牌地位均较高的品牌，如微软、耐克、通用电气等；二是利基者，即品牌强度较高，但品牌地位较低的品牌，如维基百科、AMD 和联想等；三是衰退者，即品牌地位较高但品牌强度较低的品牌，如美国航空、美国银行和 Century 21 等；四是新入者，即品牌地位与品牌强度均较低的品牌，如 BitTorrent、Second Life 和 Lacoste 等。

营销调研咨询公司 Millward Brown 与 WPP 共同开发了 BrandZ 模型，其核心是品牌动力模型。品牌动力模型包括三个维度：品牌联想、品牌倾向和进入市场。品牌联想由三方面来测量：有意义的、差异的和显著的，类似于 Aaker 模型中的品牌联想与 Keller 模型中的品牌形象；品牌倾向由三方面来测量：权力、溢价和潜力；进入市场主要由销售额来反映。

小结以上，四个品牌资产模型有共通之处，在它们的基础上，作者使用焦点小组法进行研究。焦点小组的人员构成主要为品牌研究者与品牌管理者。基于焦点小组探讨的结果，本研究认为品牌资产包括六个维度，这六个维度分为四个层级：第一层为品牌知名度；第二层为感知质量、品牌个性、公司形象；第三层为品牌评价；第四层为品牌共鸣。

品牌知名度（Brand Awareness）：指潜在消费者认出或想起某类产品中某一品牌的能力（Aaker，1991）。提升品牌知名度是增加品牌资产的重要方式（王海忠等，2006）。

感知质量（Perceived Quality）：指消费者了解某一产品/服务的具体用途之后，心里对该产品/服务相比于其他同类产品/服务的质量优势的整体感受（Aaker，1991）。感知质量主要涉及产品的主要成分、可靠性和耐用性，以及服务的便利性、友好性和效率等。

品牌形象（Brand Image）：指消费者对品牌的总体感知和看法（范秀成、陈洁，2002）。品牌形象可从多种角度理解，从组织角度理解，品牌形象表现为公司形象；从人的角度理解，品牌形象表现为品牌个性（Aaker，1996）。公司形象：指消费者对公司的整体感知、印象或态度，包括两个维度：公司能力与公司社会责任（杨一翁，2015）。品牌个性：指与给定品牌相联系的人格特质的组合（Aaker，1996）。

基于态度理论，品牌评价（Brand Evaluation）分为理性评价与感性评价两方面（Solomon，2017）。理性评价指顾客对品牌的个人喜好与评估（Keller，2013）；感性评价指消费者在情感上对品牌的反应（Keller，2013）。

品牌共鸣（Brand Resonance）：指消费者与品牌建立的终极关系与认可水平，以及消费者感受到与品牌同步的程度（Keller，2013）。

Keller（2013）认为品牌资产是分层级的，低层级的品牌资产维度影响高层级的品牌资产维度。少量文献对此进行了实证检验。

李翠玲等（2017）在分析旅游目的地品牌忠诚与整体印象影响因素框架的基础上，以新疆昌吉州为例，通过构建结构方程模型研究了品牌知晓度、品牌知名度、品牌信任度、感知质量、品牌联想对旅游目的地品牌忠诚及整体印象的影响，以及品牌整体印象对品牌忠诚的作用，通过多组比较结构方程模型研究了游客年龄与旅游频次对品牌忠诚与品牌整体印象的调节作用。研究结果表明：品牌知晓度、品牌知名度、品牌信任度、感知质量、品牌联想对旅游目的地品牌忠诚及整体印象有显著的正向影响，但是影响的强度存在着一定的差异；品牌整体印象对旅游目的地品牌忠诚具有显著的正向的影响。另外，旅游频次对品牌忠诚与品牌整体印象的形成有负向调节作用，游客年龄对品牌联想度与整体印象间的关系存在负向调节作用，对品牌联想度与品牌忠诚度间的关系存在正向调节作用。

王海忠等（2006）通过消费者焦点小组访谈勾画出中国消费者的品牌知识图像；再通过京、沪、粤消费者实地调查构建了品牌资产结构，检验了品牌资产的消费者模式与产品市场产出模式之间的结构关系。研究发现：公司能力是中国消费者品牌联想的主渠道，构成品牌资产重要维度；品质是品牌资产的核心要素，质量标准是品质的最普遍要求；基于消费者的品牌资产由公司能力联想、品牌知名度、品质认知、品牌共鸣四维构成，呈三级阶梯状（品牌知名度与公司能力联想为第一层级，品质认知/价值认知与品牌共鸣为第二层级，品牌延伸力、价格灵活性和重复购买意向为第三层级）；基于消费者的品牌资产能够解释品牌在产品市场的产出。

此外，不同行业的特点不同，纺织企业的品牌资产的各个维度以及各个维度之间的关系可能有所不同。本研究基于 Keller（2013）的基于顾客的品牌资产金字塔模型，使用焦点小组法与深度访谈法（详见下文）分析纺织企业品牌资产的维度构成，以及各个维度之间的关系，构建分层级的品牌资产模型（见图 4-1），并提出相应的研究假设。

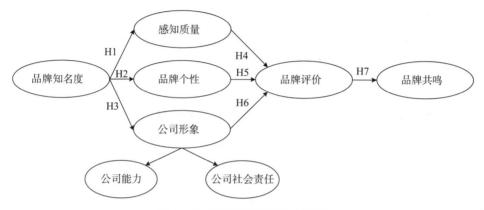

图 4-1　分层级的品牌资产模型

注：公司形象为二阶构面，包括两个一阶构面：公司能力和公司社会责任（Brown，Dacin，1997）。

资料来源：作者自绘。

H1：纺织企业的品牌知名度正向影响其产品的感知质量。

H2：纺织企业的品牌知名度正向影响其品牌个性。

H3：纺织企业的品牌知名度正向影响其公司形象。

H4：纺织企业的产品的感知质量正向影响其品牌评价。

H5：纺织企业的品牌个性正向影响其品牌评价。

H6：纺织企业的公司形象正向影响其品牌评价。

H7：消费者对纺织企业的品牌评价正向影响消费者对纺织企业的品牌共鸣。

第二节　研究方法

一、问卷设计

本研究选择新疆天山纺织公司作为研究对象。使用文献研究法得到初始问卷；使用焦点小组访谈法与深度访谈法设计与修改调查问卷；通过预调查得到最终调查问卷。具体工作如下所示。

本研究使用焦点小组访谈法与深度访谈法设计与修改调查问卷。

第一，焦点小组访谈法。焦点小组由七人组成，包括两位对品牌研究领域较熟悉的博士。参与者就纺织企业品牌资产的维度、各个维度之间的关系，以及每一个维度的测项进行充分讨论。在此基础上，本研究设计初始调查问卷。

第二，深度访谈法。本研究对天山纺织的员工与顾客进行深度访谈。对员工的访谈在天山纺织公司及其各类专卖店等地进行；对顾客的访问部分在天山纺织位于乌鲁木齐的各大实体店进行，部分通过微信等网络即时通信工具进行。本研究使用深度访谈法，对初始研究模型与调查问卷进行进一步修改与完善。

在以上工作的基础上，本研究对 37 位天山纺织的顾客进行预调查，对量表进行修订，删除那些重复与不容易理解的测项，从而得到最终调查问卷（见表 4 - 1）。

除人口统计信息之外，其他测项均使用七点李克特量表，1 表示"完全不同意"；7 表示"完全同意"。

表 4 - 1　构面、测项及其来源

二阶构面	一阶构面	测项	测项内容	测项来源
公司形象	公司能力	CA1	该公司的实力较弱	杨一翁（2015）
		CA2	该公司意味着高品质	
	公司社会责任	CSR1	该公司具有社会责任感	
		CSR2	该公司大力支持公益事业	
		CSR3	该公司有良好的社会道德	
品牌知名度		BA1	这个品牌很出名，我很熟悉	王海忠等（2006）
		BA2	这个品牌家喻户晓，大家很熟悉	
		BA3	我经常看到这个品牌的广告	
感知质量		PQ1	我觉得这品牌物有所值	王海忠等（2006）
		PQ2	这个品牌的质量很稳定、可靠	
		PQ3	这个品牌使用起来很舒适	
		PQ4	这个品牌的产品更新换代能力强	
		PQ5	这个品牌的款式很好	
		PQ6	这个品牌有很多系列产品供我选择	

续表

二阶构面	一阶构面	测项	测项内容	测项来源
	品牌个性	BP1	该品牌的个性形象与我的个性形象相符	金立印（2006）
		BP2	我认同该品牌所代表的价值观	
		BP3	我认同该品牌所代表的生活方式	
		BP4	使用该品牌能体现出我的社会地位	
		BP5	使用该品牌能使我获得他人尊重	
		BP6	该品牌能助我与不同类的人区分开	
	品牌评价	BE1	该品牌是一个好品牌	田敏等（2014）
		BE2	我喜欢该品牌	
		BE3	该品牌很吸引我	
		BE4	我信赖该品牌	
		BE5	该品牌的产品是安全的	
		BE6	该品牌是诚实的	
		BE7	我愿意试用该品牌	
		BE8	我可能购买该品牌	
	品牌共鸣	BR1	我会一直坚持买这个品牌	王海忠等（2006）
		BR2	我认为我忠实于这个品牌	
		BR3	我愿意向朋友推荐这个品牌	
		BR4	我已习惯用这个品牌	
		BR5	这个品牌是我的第一选择	
		BR6	只要商店有这个品牌的产品，我就不会购买其他品牌的同类商品	

资料来源：作者编制。

二、数据收集

本研究选择新疆天山纺织作为研究对象，以天山羊毛衫的消费者作为调查对象，使用问卷调查法收集数据。研究团队有朋友开了一家专门卖羊毛衫的淘宝网店，天山羊毛衫是其经营的主要品牌。问卷均在网上收集，使用的数据调查平台为问道网。本研究将设计好的问卷链接通过淘宝网的阿里旺旺聊天工具发给消费者，请求他们填写，并给予 5 元店铺优惠券作为奖励。问卷调查于 2017 年 5 月开始，至 2017 年 7 月结束，历时 3 个月，共收回有效问卷 162 份，样本特征如表 4 - 2 所示。

表 4 - 2　样本特征

项目	分类	人数	百分比（%）
性别	男性	79	48.8
	女性	83	51.2
年龄（岁）	17 及以下	10	6.2
	18 ~ 28	63	38.9
	29 ~ 40	54	33.3
	41 ~ 49	30	18.5
	50 及以上	5	3.1
教育程度	高中及以下	10	6.2
	大学专科	35	21.6
	大学本科	76	46.9
	硕士	33	20.4
	博士	8	4.9
月收入（元）	2000 以下	26	16.0
	2000 ~ 4999	45	27.8
	5000 ~ 9999	50	30.9
	1 万 ~ 2 万	25	15.4
	2 万以上	16	9.9

资料来源：作者编制。

三、统计分析方法

本研究运用最小二乘结构方程模型（PLS – SEM），使用 SmartPLS v. 3. 2. 3 软件进行数据分析。在如图 4 – 1 所示的结构模型中，品牌评价被三个箭头指到，为所有构面中最多。根据文献的建议（Hair et al.，2014），在 $\alpha = 0.05$ 的显著性水平下，要检验出最小 0.10 的 R^2 值，最小样本量为 124 个。本研究的有效样本量为 162 个，满足要求。

第三节 数据分析

一、外模型

在 PLS – SEM 中，指标变量与潜在构面之间的关系称为外模型。

（一）信度检验

所有测项的因子载荷均大于 0.7 的限制性水平，各构面的 CR 均大于 0.7 的限制性水平（Hair et al.，2014），这表明量表有良好的信度（见表 4 – 3）。

表 4 – 3 信度与收敛效度检验

二阶构面	一阶构面	测项	因子载荷	CR	AVE
公司形象	公司能力	CA1	0.721	0.871	0.574
		CA2	0.746		
	公司社会责任	CSR1	0.808		
		CSR2	0.741		
		CSR3	0.769		
品牌知名度		BA1	0.921	0.912	0.776
		BA2	0.897		
		BA3	0.823		
感知质量		PQ1	0.782	0.891	0.576
		PQ2	0.729		
		PQ3	0.740		
		PQ4	0.765		
		PQ5	0.804		
		PQ6	0.732		
品牌个性		BP1	0.821	0.915	0.641
		BP2	0.809		
		BP3	0.788		
		BP4	0.837		
		BP5	0.793		
		BP6	0.754		

二阶构面	一阶构面	测项	因子载荷	*CR*	*AVE*
品牌评价		BE1	0.751	0.933	0.638
		BE2	0.872		
		BE3	0.860		
		BE4	0.885		
		BE5	0.765		
		BE6	0.701		
		BE7	0.796		
		BE8	0.739		
品牌共鸣		BR1	0.881	0.939	0.719
		BR2	0.846		
		BR3	0.779		
		BR4	0.857		
		BR5	0.888		
		BR6	0.834		

资料来源：作者编制。

（二）效度检验

1. 收敛效度

各构面的平均变异萃取值（*AVE*）均大于 0.5 的限制性水平（Hair et al.，2014），这表明量表有良好的收敛效度（见表 4-3）。

2. 区别效度

每个构面的 *AVE* 的平方根值均大于它与其他构面的相关系数（Hair et al.，2014），这表明量表有良好的区别效度（见表 4-4）。

表 4-4　各构面的 *AVE* 的平方根值与构面间的相关系数

构面	公司形象	品牌个性	品牌共鸣	品牌知名度	品牌评价	感知质量
公司形象	**0.758**					
品牌个性	0.640	**0.801**				
品牌共鸣	0.725	0.710	**0.848**			

续表

构面	公司形象	品牌个性	品牌共鸣	品牌知名度	品牌评价	感知质量
品牌知名度	0.492	0.513	0.583	**0.881**		
品牌评价	0.726	0.762	0.840	0.591	**0.799**	
感知质量	0.711	0.728	0.627	0.483	0.722	**0.759**

注：对角线上的粗体数值为各构面的 AVE 的平方根值，其他数值为构面间的相关系数。

资料来源：作者编制。

（三）数据同源偏差分析

本研究参考黄敏学等（2015）使用的方法进行同源偏差分析。第一，为了避免由同一位调查对象填写问卷造成的同源偏差问题，本研究在某些概念的测项中设置判别性的反向测项。例如：在测量"公司能力"的测项中，本研究特意加入一个反向的判别测项"该公司的实力较弱"，通过这些判别性的反向测项来排除那些明显自相矛盾的样本。第二，本研究采用两种方法对数据进行检验。第一种方法是 Harman 的单因子检验法，即对全部概念的测项进行探索性因子分析，如果未旋转之前的第一个因子方差解释率超过 50%，表明同源偏差较大。SPSS 18.0 软件分析的结果表明，第一个因子的方差解释率小于50%，说明数据的同源偏差在可接受的范围之内。第二种方法是检验概念之间的相关系数，如果概念之间的相关系数大于 0.9，表明同源偏差较大。由表 4-4 可知，概念之间的相关系数最大者为 0.840，小于 0.9，表明本研究的测量数据是可靠的。由以上可知，本研究的数据同源偏差问题不严重。

（四）多重共线性检验

根据文献的建议（Hair et al.，2014），本研究通过以下两个步骤检验多重共线性。第一步，使用方差膨胀因子（Variance Inflation Factor，VIF）进行多重共线性检验，如果 VIF 大于 5，表明多重共线性问题较严重。数据分析结果显示，概念之间的 VIF 最大者小于 5，表明变量之间的多重共线性不严重。第二步，本研究采用 Bootstrapping 抽样 5000 次，发现所有测项的外部权重（Outer Weights）均在 $\alpha = 0.05$ 的显著性水平下显著。以上两个步骤表明，变量之间的多重共线性不严重,所有测项均保留。

最后,根据文献的建议(Hair et al.,2014),偏最小二乘结构方程模型无需检验模型的拟合优度。

二、内模型

在 PLS – SEM 中,潜在构面之间的关系称为内模型。

（一）路径分析与假设检验

根据文献的建议(Hair et al.,2014),本研究采用 Bootstrapping 抽样 5000 次,得到内模型的路径分析与假设检验结果(见图 4 – 2 与表 4 – 5)。

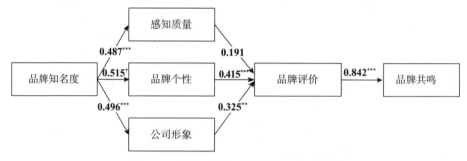

图 4 – 2　内模型路径分析与假设检验结果

注:Bootstrapping 抽样 5000 次,检验类型为双尾检验,显著性水平 α = 0.05。各箭头中间的数字表示路径系数。* 表示 p 值 < 0.05;** 表示 p 值 < 0.01;*** 表示 p 值 < 0.005。

资料来源:作者自绘。

表 4 – 5　内模型路径系数的显著性检验结果

研究假设	结构模型路径	路径系数	t 值	p 值	假设检验结果
H1	品牌知名度→感知质量	0.487	6.931	0.000	支持
H2	品牌知名度→品牌个性	0.515	8.226	0.000	支持
H3	品牌知名度→公司形象	0.496	9.044	0.000	支持
H4	感知质量→品牌评价	0.191	1.623	0.105	没有得到支持
H5	品牌个性→品牌评价	0.415	5.342	0.000	支持
H6	公司形象→品牌评价	0.325	4.529	0.000	支持
H7	品牌评价→品牌共鸣	0.842	33.256	0.000	支持

注:Bootstrapping 抽样 5000 次,检验类型为双尾检验,显著性水平 α = 0.05。

资料来源:作者编制。

由图 4 - 2 与表 4 - 5 可知，H4 没有得到支持，即纺织企业的产品的感知质量对其品牌评价的影响不显著。除此之外，其他假设均得到支持。

（二）中介效应检验

本研究使用 Sobel 检验（Sobel，1982）、Aroian 检验（Aroian，1947）和 Goodman 检验（Goodman，1960）进行中介效应检验（见表 4 - 6）。

表 4 - 6 中介效应检验

构面关系	衡量构面	t – value	Sobel Test's z – value	Aroian Test's z – value	Goodman Test's z – value	中介效应 显著性
BA→BP→BE	BA→BP	8.226	4.480 ***	4.457 ***	4.504 ***	显著
	BP→BE	5.342				
BA→CI→BE	BA→CI	9.044	4.050 ***	4.030 ***	4.070 ***	显著
	CI→BE	4.529				
BP→BE→BR	BP→BE	5.342	5.274 ***	5.272 ***	5.277 ***	显著
	BE→BR	33.256				
CI→BE→BR	CI→BE	4.529	4.488 ***	4.486 ***	4.490 ***	显著
	BE→BR	33.256				

注：*** 表示 p 值 < 0.001。CI 表示公司形象；BA 表示品牌知名度；BP 表示品牌个性；BE 表示品牌评价；BR 表示品牌共鸣。

资料来源：作者编制。

由表 4 - 6 可知，品牌知名度通过中介变量品牌个性与公司形象间接影响品牌评价；品牌个性通过中介变量品牌评价间接影响品牌共鸣；公司形象通过中介变量品牌评价间接影响品牌共鸣——以上研究结果表明：纺织企业的品牌资产的六个维度是分层级的，从而在纺织行业证实了 Keller（2013）提出的基于顾客的品牌资产金字塔模型中的观点。

（三）总效应检验

由表 4 - 7 可知，品牌评价对品牌共鸣的总效应最强（0.842）；其次为品牌知名度（0.397）；再次为品牌个性（0.350）；总效应最弱的是公司形象（0.273）；而感知质量对品牌共鸣的总效应不显著。

表4－7　总效应的显著性检验结果

结构模型路径	总效应	t 值	p 值	总效应显著性
品牌知名度→品牌共鸣	0.397	7.506	0.000	显著
感知质量→品牌共鸣	0.160	1.635	0.102	不显著
品牌个性→品牌共鸣	0.350	5.023	0.000	显著
公司形象→品牌共鸣	0.273	4.477	0.000	显著
品牌评价→品牌共鸣	0.842	33.256	0.000	显著

注：总效用＝直接效应 ＋ 间接效应。Bootstrapping 抽样 5000 次，检验类型为双尾检验，显著性水平 $\alpha = 0.05$。

资料来源：作者编制。

（四）解释力检验

Hair 等（2014）建议，当研究消费者行为问题时，若 R^2 值大于 0.20，说明模型有较好的解释力。在结构模型中，公司形象被解释的方差（R^2 值）为 0.242，品牌个性的 R^2 值为 0.263，品牌共鸣的 R^2 值为 0.706，品牌评价的 R^2 值为 0.690，感知质量的 R^2 值为 0.234——四者均大于 0.20 的限制性水平，这表明模型的解释力较好。

第四节　结论与讨论

一、研究结论

第一，纺织企业的品牌资产包括六个维度：品牌知名度、感知质量、品牌个性、公司形象、品牌评价和品牌共鸣。

第二，这六个维度分为四个层级。第一层级为品牌知名度；第二层级为感知质量、品牌个性和公司形象；第三层级为品牌评价；第四层级为品牌共鸣。此外，中介效应检验的结果表明：纺织品牌资产的六个维度确实是分层级的。

第三，感知质量对品牌评价的影响不显著；且对品牌共鸣的总效应也不显著。这可能与选择的产品类别与品牌有关（新疆天山纺织），未来可以选择更多的产品类别与品牌进行问卷调查，以进一步验证与完善分层级的纺织品牌资产模型。

二、理论贡献

学者们与管理咨询机构构建了各自的品牌资产模型，本研究通过焦点小组法总结出这些品牌资产模型的共通之处，提出纺织企业的品牌资产由六个维度构成。Keller（2013）构建基于顾客的品牌资产金字塔模型，认为品牌资产分为四个层级，但很少有研究对此进行实证检验。以品牌资产理论以及各大品牌资产模型为理论基础，本研究使用焦点小组访谈法与深度访谈法，构建了分层级的纺织品牌资产模型。假设检验与中介效应检验的结果表明：纺织品牌资产的六个维度确实是分层级的。此研究成果不仅厘清了纺织品牌资产的维度，而且明晰了各个维度之间的关系，从而进一步丰富了品牌资产理论。

三、管理决策启示

根据上述研究成果，本研究为新疆纺织企业提出如下管理决策建议。

第一，新疆天山纺织在品牌建设上处于初级阶段，打造全国乃至国际知名品牌任重道远。建议新疆纺织企业通过以下四个步骤打造强势纺织品牌。

第一步：建立深厚的、广泛的品牌认知。建议新疆纺织企业选择合适的品牌元素（Keller，2013），构建品牌识别系统（Wheeler，2014），以建立深厚的、广泛的品牌知名度。

第二步：提高消费者对品牌质量的感知；通过品牌定位打造独一无二、与目标顾客的个性相匹配的品牌个性；树立良好的公司形象（提升公司能力、同时不能忽视企业社会责任）。建议新疆纺织企业进一步：①"勤练内功"。弘扬工匠精神，勇攀质量高峰，提高品牌的感知质量。②"修炼外功"。基于定位理论（Keller，2013；Ries，Trout，1981），打造独一无二、核心顾客认同的品牌个性（金立印，2006），树立差异化的公司形象（杨一翁，2015）。在此过程中，中国企业除了开发一款款明星产品，还需特别重视公司品牌的建设（杨一翁，2015）。

第三步：赢得积极的品牌评价。建议新疆纺织企业从理性（产品的主要成分、可靠性和耐用性，以及服务的便利性、友好性和效率等）与情感（温暖感、乐趣感、兴奋感、安全感、社会认同感和至尊感等）两方面赢得消费者积极的品牌评价（Keller，2013；Solomon，2017）。

第四步：引发强烈的、积极的和长期的品牌共鸣；维系良好的品牌—顾客关系；保持品牌忠诚度。根据本研究构建的分层级的品牌资产模型，目前达到第一层级的品牌为神舟电脑、夏利汽车、新疆天山纺织等；达到第二层级的品牌为联想、小米、格力等；达到第三层级的品牌为三星、耐克、华为等；达到第四层级的品牌为苹果、哈雷摩托、特斯拉等。能够达到第三、第四层级的中国品牌很少，中国缺少真正有竞争力的国际知名品牌。建议新疆纺织企业进一步引发消费者强烈的、积极的和长期的品牌共鸣，保持良好的顾客—品牌关系，提高品牌忠诚度，最终拥有最高等级的品牌资产。

第二，品牌知名度高仅仅是创建强势品牌的第一步，因为知名度≠美誉度。较典型的是神舟电脑，该品牌以价格低廉而闻名，但感知质量与品牌评价较差，更无法引发消费者的积极共鸣——这导致其品牌资产较低。品牌个性（产品层面）与公司形象（公司整体层面）均显著地正向影响品牌评价——这表明产品品牌与公司品牌对消费者决策的影响均很重要（杨一翁，2015）。品牌评价是衡量企业品牌建设在短期是否成功的重要标准；但企业若想获得长期的持续成功，需要进一步引发消费者强烈的、积极的和长期的品牌共鸣，保持良好的顾客—品牌关系，提高品牌忠诚度。

第三，从各个测项的平均值来看，新疆天山纺织需要重点投入资源加以改进的是（平均分明显小于 4 分"中立"的中间值）：①"这个品牌很出名""这个品牌家喻户晓""我经常看到这个品牌的广告"——新疆天山纺织在全国范围内的品牌知名度不够响亮，需加强其品牌识别系统的建设（Keller，2013；Wheeler，2014），并进一步加强品牌整合营销传播（Keller，2013）。②"使用该品牌能体现出我的社会地位""使用该品牌能使我获得他人尊重""该品牌能助我与不同类的人区分开"——新疆天山纺织品牌的象征性价值不高，满足不了消费者的社交需要与尊重需要等高层次的需要（马斯洛需要层次理论）；且品牌个性不够鲜明，需运用定位理论（Keller，2013；Ries，Trout，2001）与定位钻石模型（李飞等，2005；李飞等，2006；李飞，刘茜，2004）进一步突出天山纺织的独一无二的、与目标顾客个性相匹配的品牌个性（Aaker，1997；Aaker，2012；黄胜兵，卢泰宏，2003；金立印，2006）。

③"我会一直坚持买这个品牌""我认为我忠实于这个品牌""我已习惯用这个品牌""这个品牌是我的第一选择""只要商店有这个品牌的产品，我不会购买其他品牌的同类商品"——新疆天山纺织在品牌共鸣这个层面几乎所有问项上的得分均较低，难以引发消费者的品牌共鸣，顾客忠诚度不高，没有形成良好、稳定的顾客—品牌关系。

四、未来研究展望

本研究发现：感知质量对品牌评价的影响不显著，且对品牌共鸣的总效应也不显著。这可能与研究的产品类别与品牌有关（新疆天山纺织），未来的研究可选择更多的产品类别与品牌进行研究，以进一步验证与完善分层级的纺织品牌资产模型。

第五章 国家、区域和公司品牌形象对消费者纺织品牌态度与购买意向的影响机制研究

基于理性行为理论（Fishbein，Ajzen，1975），在品牌研究领域存在"品牌形象→消费者品牌态度→消费者品牌购买意向"的影响路径。该影响路径对于国家品牌形象（朱战国，李子键，2017）、公司品牌形象（杨一翁等，2015）和目的地品牌形象（Jalilvand et al.，2012）等均成立。当前，纺织品主要还是买方市场，消费者纺织品牌态度与购买意向对纺织品牌竞争力起决定性作用。然而，很少有文献探索消费者纺织品牌态度与购买意向的影响因素。在"一带一路"背景下，除了第三章所探索的区域与公司品牌形象之外，中国的国家品牌形象是否也会影响消费者对中国纺织品牌的态度与购买意向？国家、区域和公司品牌形象之间的关系，以及三者对消费者纺织品牌态度与购买意向的影响机制是怎样的？为了探索上述问题，本研究提出研究假设，构建研究模型。

第一节 研究假设与研究模型

很少有研究探索区域品牌形象对消费者态度的影响。李东进等（2007）以上海与郑州作为研究对象，发现：地区形象对消费者的产品评价产生影响，消费者对来自不同地区产品的评价具有显著差异性；无论是品牌知名度低的产品还是品牌知名度高的产品，都存在地区效应，但地区形象对产品评价的影响程度不同。朱战国和李子键（2017）以德国作为研究对象，发现：人文与自

然层面的国家形象均显著地正向影响消费者对来自该国产品的产品态度。可见，城市与国家形象影响消费者对来自该城市/该国家的产品的态度，城市与国家品牌研究均属于区域品牌研究的分支（Kotler et al.，2008；孙丽辉等，2009）。基于此，本研究推测：区域品牌形象正向影响消费者态度。基于此，本研究提出如下假设。

H1：区域品牌形象正向影响消费者对来自该区域的纺织品牌的态度。

很少有研究探索区域品牌形象对消费者购买意向的影响。李东进等（2010）以天津和上海作为研究对象，在北京、宁波、杭州、太原和保定五个城市进行问卷调查，运用回归分析进行数据分析，发现：城市形象对消费者购买意向有显著的正向影响。国家品牌形象显著地正向影响消费者购买意向（孙国辉，韩慧林，2015；杨一翁等，2015）。可见，城市与国家形象影响消费者对来自该城市/该国家的产品的购买意向，城市与国家品牌研究均属于区域品牌研究的分支（Kotler et al.，2008；孙丽辉等，2009）。基于此，本研究推测：区域品牌形象正向影响消费者购买意向。基于此，本研究提出如下假设。

H2：区域品牌形象正向影响消费者对来自该区域的纺织品牌的购买意向。

Fishbein 和 Ajzen（1975）提出理性行为理论，认为存在如下影响路径：信念→态度→行为倾向→行为。Mitchell 和 Olson（1981）将理性行为理论引入消费者决策研究领域，提出如下影响路径：消费者对产品属性等的信念→消费者品牌态度→消费者购买倾向。基于此，本研究推测：该影响路径对区域品牌形象同样成立，因此提出如下假设。

H3：消费者纺织品牌态度对区域品牌形象对消费者纺织品牌购买意向的影响关系起中介作用。

光环效应（Halo Effect）：指从对象的某种特征推及对象的总体特征，从而产生美化或丑化对象的一种心理定式（范庆基，2011）。Han（1989）构建光环效应模型，认为：当消费者不太熟悉来自某国的产品时，国家形象影响消费者对产品属性的信念，进而影响其品牌态度。首先，在以洗衣机（范庆基，2011）与汽车（杨一翁等，2015）等作为研究对象时，现有文献发现：国家品牌形象影响公司品牌形象。此外，学者们发现：区域形象对区域产品（李东进等，2007）、目的地形象对当地产品（Lee，Lockshin，2011）、店铺形象对自有品牌（Jin et al.，2011）等影响关系也存在光环效应。本研究以天山纺织羊毛衫作为研究对象，服装是一种低介入度产品（潘煜等，2012），消费者不太熟悉，此时区域品牌形象发挥光环效应。基于光环效应模型（Han，1989），当消费者进行低介入购买决策时，如果某个国家与区域的品牌形象好，消费者可能"爱屋及乌"地对来自该国家与该区域的公司产生好感。公司品牌形象进一步影响消费者态度（Berens et al.，2005；Brown，Dacin，1997；Gürhan - Canli，Batra，2004；杨一翁等，2015；杨一翁，孙国辉，2013）。基于以上论述，本研究推测：国家与区域品牌形象均通过中介变量公司品牌形象进一步影响消费者纺织品牌态度，因此提出如下假设。

H4：公司品牌形象对国家品牌形象对消费者纺织品牌态度的影响关系起中介作用。

H5：公司品牌形象对区域品牌形象对消费者纺织品牌态度的影响关系起中介作用。

国家品牌形象对消费者态度与购买意向的影响机制（杨一翁，孙国辉，2013；朱战国，李子键，2017），以及公司品牌形象对消费者态度与购买意向的影响机制（杨一翁等，2015）已经在现有文献中得到验证，本研究不再重复验证。

综上所述，本研究构建国家、区域和公司品牌形象对消费者纺织品牌态度与购买意向的影响机制模型，如图 5 - 1 所示。

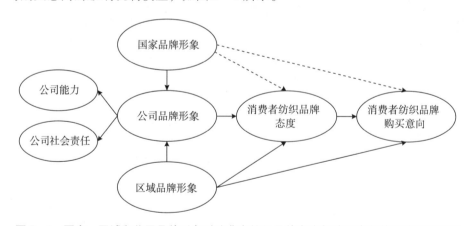

图 5 -1　国家、区域和公司品牌形象对消费者纺织品牌态度与购买意向的影响机制模型

注：公司品牌形象为二阶构面，包括两个一阶构念：公司能力与公司社会责任（Brown，Dacin，1997）。

资料来源：作者自绘。

第二节　研究方法

一、问卷设计

本研究使用问卷调查法收集数据。问卷中的所有问项均来自现有文献，并根据实际情况进行了相应修改，从而形成问卷初稿。使用问卷初稿，本研究对50位消费者进行了预调查，对问卷初稿进行了完善，从而形成正式调查问卷（见表5-1）。除样本特征之外，所有问项均使用七点李克特量表，1表示"完全不同意"，7表示"完全同意"。

表5-1　正式调查问卷

二阶构念	一阶概念	问项	问项内容	来源
公司品牌形象	公司能力	CA1	天山纺织公司实力较弱	田阳等（2009）
		CA2	天山纺织公司创新能力很强	
		CA3	天山纺织公司意味着高品质	
	公司社会责任	CSR1	天山纺织公司具有社会责任感	
		CSR2	天山纺织公司大力支持公益事业	
		CSR3	天山纺织公司有良好的社会道德	
国家品牌形象		CBI1	中国在国际上拥有良好的综合国家形象	杨一翁，孙国辉（2013）
		CBI2	来自中国的品牌很有创造性（经常使用新技术和生产技术的先进性）	
		CBI3	来自中国的品牌通常有很好的设计风格	
		CBI4	来自中国的品牌质量不佳	
区域品牌形象		PBI1	新疆具有独特的（地理、人造自然）要素禀赋	张燚，张锐（2006）
		PBI2	新疆具有深厚的历史文化积淀	
		PBI3	新疆纺织产业具有优势	
品牌态度		BA1	天山牌的羊毛衫值得我信任	郭晓凌，王永贵（2013）；杨一翁，孙国辉（2013）
		BA2	天山牌的羊毛衫对我具有吸引力	
		BA3	我喜欢天山牌的羊毛衫	

二阶构念	一阶构念	问项	问项内容	来源
购买意向		PI1	我愿意购买天山牌的羊毛衫	范庆基（2011）； 杨一翁，孙国辉 （2013）
		PI2	我打算以后更多地购买天山牌的羊毛衫	
		PI3	我愿意向他人推荐天山牌的羊毛衫	

资料来源：作者编制。

二、数据收集

本研究以新疆天山纺织为研究对象，以天山羊毛衫的消费者为调查对象，使用问卷调查法收集数据。研究团队有朋友开了一家专门卖羊毛衫的淘宝网店，天山羊毛衫是其经营的主要品牌。问卷均在网上收集，使用的数据调查平台为问道网。本研究将设计好的问卷链接通过淘宝网的阿里旺旺聊天工具发给消费者，请求他/她们填写，并给予 5 元店铺优惠券作为奖励。问卷调查在 2015 年 11 月至 2016 年 2 月之间进行，历时 3 个月。共发出问卷 400 份，回收问卷 350 份，其中有效问卷 315 份，有效问卷回收率为 78.8%。样本特征如表 5 - 2 所示。

表 5 - 2 样本特征

项目	分类	人数	百分比（%）
性别	男性	163	51.7
	女性	152	48.3
年龄（岁）	18 以下	15	4.8
	18 ~ 24	80	25.4
	25 ~ 30	95	30.2
	31 ~ 34	52	16.5
	35 ~ 40	38	12.1
	40 以上	35	11.1
教育程度	高中及以下	12	3.8
	大学大专	103	32.7
	大学本科	182	57.8
	硕士及以上	18	5.7

续表

项目	分类	人数	百分比（%）
	无收入	7	2.2
	500 以下	48	15.2
月收入（元）	500～1999	92	29.2
	2000～4999	123	39.0
	5000～1 万	27	8.6
	1 万以上	18	5.7

资料来源：作者编制。因四舍五入，数据总和可能不为100%。

三、统计分析方法

本研究构建的研究模型较复杂（见图 5－1），含七个构念，其中公司品牌形象为二阶构念，包括公司能力与公司社会责任两个二阶构面。偏最小平方结构方程模型（Partial Least Squares Structural Equation Modeling，PLS－SEM）在处理复杂的结构模型时独具优势（Hair et al.，2014），故本研究运用 SmartPLS v. 3. 2. 3 软件进行数据分析。在如图 5－1 所示的研究模型中消费者对纺织品牌的态度与购买意向这两个构念均被三个箭头指到，为所有构念中最多。根据文献的建议（Hair et al.，2014），在 $\alpha = 0.05$ 的显著性水平下，要检验出最小 0.10 的 R^2，最小样本量为 124 个。本研究的有效样本量为 315 个，满足要求。

第三节　数据分析

一、外模型

在 PLS－SEM 中，指标变量与潜在构念间的关系被称为外模型。

（一）信度检验

所有问项的因子载荷均大于 0.7 的限制性水平（Hair et al.，2014），各构念的 *Cronbach's α* 与组成信度（*CR*）均大于 0.7 的限制性水平（Hair et al.，

2014），这表明量表有良好的信度（见表5－3）。

表5－3　信度与收敛效度检验

构念	问项	平均值（标准差）	因子载荷	Cronbach's α	CR	AVE
公司品牌	CA1	5.20（1.40）	0.901	0.946	0.958	0.792
	CA2	4.84（1.39）	0.941			
	CA3	4.51（1.33）	0.884			
	CSR1	4.08（1.43）	0.933			
	CSR2	3.93（1.61）	0.723			
	CSR3	4.08（1.38）	0.939			
国家品牌	CBI1	3.91（1.22）	0.946	0.884	0.921	0.747
	CBI2	3.64（1.29）	0.702			
	CBI3	4.03（1.29）	0.907			
	CBI4	3.82（1.28）	0.883			
区域品牌	PBI1	4.95（1.34）	0.987	0.984	0.989	0.969
	PBI2	5.04（1.38）	0.982			
	PBI3	4.88（1.45）	0.983			
品牌态度	BA1	4.84（1.39）	0.988	0.982	0.988	0.965
	BA2	4.78（1.40）	0.982			
	BA3	4.78（1.34）	0.976			
购买意向	PI1	4.44（1.41）	0.887	0.870	0.921	0.795
	PI2	4.59（1.60）	0.852			
	PI3	4.37（1.42）	0.934			

注：CA 指 Corporate Ability（公司能力）；CSR 指 Corporate Social Responsibility（公司社会责任）；CBI 指 Country Brand Image（国家品牌形象）；PBI 指 Place Brand Image（区域品牌形象）；BA 指 Brand Attitude（品牌态度）；PI 指 Purchase Intention（购买意向）。

资料来源：作者编制。

（二）效度检验

1. 收敛效度

各构念的平均变异萃取值（AVE）均大于0.5的限制性水平（Hair et al.，2014），这表明量表有良好的收敛效度（见表5－3）。

2. 区别效度

每个构念的 *AVE* 的平方根值均大于它与其他构念的相关系数（Hair et al., 2014），这表明量表具有良好的区别效度（见表 5 - 4）。

表 5 - 4 各构念的 *AVE* 的平方根值与构念间的相关系数

构念	公司品牌形象	国家品牌形象	区域品牌形象	品牌态度	购买意向
公司品牌形象	**0.978**				
国家品牌形象	0.734	**0.941**			
区域品牌形象	0.775	0.738	**0.984**		
品牌态度	0.760	0.754	0.772	**0.982**	
购买意向	0.731	0.706	0.743	0.749	**0.891**

注：对角线上的粗体数值为各构念的 *AVE* 的平方根值，其他数值为构念间的相关系数。

资料来源：作者编制。

（三）数据同源偏差分析

本研究参考黄敏学等（2015）使用的方法进行同源偏差分析。第一，为了避免由同一位调查对象填写问卷造成的同源偏差问题，本研究在某些构念的测项中设置判别性的反向测项。例如：在测量"公司能力"的测项中，本研究特意加入一个反向的判别测项"天山纺织公司实力较弱"，通过这些判别性的反向测项来排除那些明显自相矛盾的样本。第二，本研究采用两种方法对数据进行检验。第一种方法是 Harman 的单因子检验法，即对全部构念的测项进行探索性因子分析，如果未旋转之前的第一个因子方差解释率超过 50%，表明同源偏差较大。SPSS 18.0 软件分析的结果表明，第一个因子的方差解释率小于 50%，说明数据的同源偏差在可接受的范围之内。第二种方法是检验构念之间的相关系数，如果构念之间的相关系数大于 0.9，表明同源偏差较大。由表 5 - 4 可知，构念之间的相关系数最大者为 0.775，小于 0.9，表明本研究的测量数据是可靠的。由以上可知，本研究的数据同源偏差问题不严重。

（四）多重共线性检验

根据文献的建议（Hair et al., 2014），本研究通过以下两个步骤检验多重共线性。第一步，使用方差膨胀因子（Variance Inflation Factor，VIF）进行多重共线性检验，如果 *VIF* 大于 5，表明多重共线性问题较严重。数据分析结果显示，构念之间的 *VIF* 最大者小于 5，表明变量之间的多重共线性不严重。第二步，本研究采用 Bootstrapping 抽样 5000 次，发现所有测项的外部权重（Outer Weights）均在 $\alpha = 0.05$ 的显著性水平下显著。以上两个步骤表明变量之间的多重共线性不严重，所有测项均保留。

最后，根据文献的建议（Hair et al.，2014），偏最小二乘结构方程模型无需检验模型的拟合优度。

二、内模型

在 PLS – SEM 中，构念间的路径结构被称为内模型。

（一）路径分析与假设检验

根据文献的建议（Hair et al.，2014），本研究采用 Bootstrapping 抽样 5000 次，得到内模型的路径分析与假设检验结果，如表 5 – 5 所示。

表 5 – 5　内模型路径系数的显著性检验结果

研究假设	内模型路径	路径系数	*t* 值	*p* 值	假设检验结果
	国家品牌形象→公司品牌形象	0.167	3.964	0.000	显著
	区域品牌形象→公司品牌形象	0.819	21.207	0.000	显著
	公司品牌形象→品牌态度	0.127	2.321	0.020	显著
	国家品牌形象→品牌态度	0.335	9.425	0.000	显著
H1	区域品牌形象→品牌态度	0.534	9.614	0.000	支持
	品牌态度→购买意向	0.600	7.553	0.000	显著
	公司品牌形象→购买意向	0.120	1.137	0.255	不显著
	国家品牌形象→购买意向	− 0.057	0.858	0.391	不显著
H2	区域品牌形象→购买意向	0.297	2.894	0.004	支持

注：Bootstrapping 抽样 5000 次，检验类型为双尾检验，显著性水平 $\alpha = 0.05$。

资料来源：作者编制。

如表 5 – 5 所示，区域品牌形象显著地正向影响品牌态度与购买意向，H1 与 H2 得到支持。

（二）中介效应检验

本研究使用 Sobel Test（Sobel，1982）、Aroian Test（Aroian，1947）、Goodman Test（Goodman，1960）进行中介效应检验，当 z 值大于 1.96 的绝对值时即为显著，表示中介效应存在。中介效应的检验结果如表 5-6 所示。

表 5-6　中介效应检验

研究假设	构念关系	衡量构念	路径系数 t – value	Sobel Test's z – value	Aroian Test's z – value	Goodman Test's z – value	假设检验结果
H3	PBI→BA→PI	PBI→BA	9.614	5.939***	5.920***	5.960***	支持
		BA→PI	7.553				
H4	CBI→CRBI→BA	CBI→CRBI	3.964	2.003*	1.957	2.052*	一定程度支持
		CRBI→BA	2.321				
H5	PBI→CRBI→BA	PBI→CRBI	21.207	2.307*	2.305*	2.310*	支持
		CRBI→BA	2.321				
	CRBI→BA→PI	CRBI→BA	2.321	2.219*	2.201*	2.237*	显著
		BA→PI	7.553				
	CBI→BA→PI	CBI→BA	9.425	5.894***	5.874***	5.914***	显著
		BA→PI	7.553				

注：PBI 指 Place Brand Image（区域品牌形象）；BA 指 Brand Attitude（品牌态度）；PI 指 Purchase Intention（购买意向）；CBI 指 Country Brand Image（国家品牌形象）；CRBI 指 Corporate Brand Image（公司品牌形象）；* 表示 p 值 <0.05；** 表示 p 值 <0.01；*** 表示 p 值 <0.005。

资料来源：作者编制。

由表 5-6 可知，区域品牌形象通过中介变量品牌态度进一步影响购买意向，H3 得到支持。公司品牌形象对国家品牌形象对品牌态度的影响关系的中介作用为边界显著，H4 在一定程度上得到支持；区域品牌形象通过中介变量公司品牌形象进一步影响品牌态度，H5 得到支持。

（三）总效应检验

如表 5-7 所示，公司、国家和区域品牌形象对购买意向均有显著的正向影响；区域品牌形象对购买意向的总效应最强（0.778），次之为公司品牌形象（0.197），总效应最弱的是国家品牌形象（0.176）。

表5-7 总效应的显著性检验结果

结构模型路径	总效应	t 值	p 值
公司品牌形象→购买意向	0.197	2.067	0.039
国家品牌形象→购买意向	0.176	2.897	0.004
区域品牌形象→购买意向	0.778	12.833	0.000

注：总效用 = 直接效应 + 间接效应；Bootstrapping 抽样 5000 次，检验类型为双尾检验，显著性水平 $\alpha = 0.05$。

资料来源：作者编制。

（四）解释力检验

当研究市场营销问题时，根据经验法则，内生潜变量的 R^2 值为 0.75、0.50 和 0.25，分别表示强、中等和弱的解释力（Hair et al., 2011；Henseler et al., 2009）。在结构模型中，品牌态度被解释的方差（R^2 值）为 0.960，购买意向的 R^2 值为 0.911，均大于 0.75，这表明本研究所构建的模型的解释力强。

第四节 结论与讨论

一、研究结论

本研究以新疆天山纺织作为研究对象，面向新疆天山羊毛衫的消费者，使用问卷调查法收集数据，运用 SmartPLS v3.2.3 统计软件，使用结构方程模型与中介效应分析等统计方法分析数据。研究结果表明：

第一，区域品牌形象显著地正向影响消费者对来自该区域的纺织品牌的态度与购买意向，其影响路径为：区域品牌形象→消费者态度→消费者购买意向。这表明：对于羊毛衫等纺织品牌来说，消费者十分重视品牌来自的区域，这是因为纺织品的面料对其最终质量的好坏起重要影响作用。

第二，国家与区域品牌形象均通过中介变量公司品牌形象进一步影响消费者纺织品牌态度。这表明：当消费者进行纺织品等低介入购买决策时，国家品牌形象与区域品牌形象均发挥"光环效应"，影响来自本国与本区域的公司品牌形象，并进一步影响消费者对来自本国与本区域的品牌的态度。国家品牌形象的光环效应不如区域品牌形象显著，这可能是因为纺织品不是一种科技含量特别高的产品类别，消费者对发达国家与发展中国家的纺织品牌的评价的差距不太大。

第三，在公司、国家和区域品牌形象三者中，区域品牌形象对购买意向的总效应最强。本研究探索消费者的纺织品购买决策。新疆在历史上是古丝绸之路的重要通道，现在又是"一带一路"的核心区。纺织品是新疆极具代表性的产品类别，在购买纺织品时，"新疆"能让消费者产生积极的联想，因此新疆的区域品牌对消费者纺织品购买决策的影响巨大。区域品牌形象不仅直接影响消费者对来自该区域纺织品牌的态度，还通过公司品牌形象间接影响消费者纺织品牌态度，并最终影响消费者对来自该区域的纺织品牌的购买意向，其总效应在公司、国家和区域品牌形象三者中最强烈。

二、理论贡献

第一，现有文献很少探索区域品牌形象对消费者品牌态度与购买意向的影响机制。本研究发现：当消费者购买纺织品牌时，区域品牌形象既直接影响消费者纺织品牌态度，又通过公司品牌形象间接影响消费者纺织品牌态度，并最终影响消费者纺织品牌购买意向。本研究结论在区域品牌研究领域证实了理性行为理论提出的影响路径：信念→态度→行为倾向（Fishbein，Ajzen，1975）。上述研究成果将进一步丰富区域品牌理论研究，进一步扩展理性行为理论在区域品牌研究领域的应用。

第二，现有文献很少探索国家、区域和公司品牌形象三者之间的关系，以及三者对消费者态度与购买意向的共同影响机制。本研究发现：当消费者进行低介入购买决策（如购买纺织品）时，国家与区域品牌形象发挥"光环效应"，即国家与区域品牌形象均通过公司品牌形象间接影响消费者品牌态度，并最终影响消费者购买意向。上述研究成果将进一步丰富品牌理论研究，并进一步扩展光环效应模型在品牌研究领域的应用。

三、管理决策启示

基于上述研究结果，本研究提出新疆纺织企业品牌竞争力提升路径，如

图 5 – 2 所示。

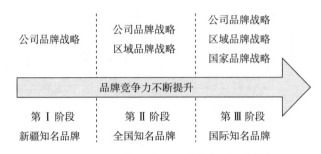

图 5 – 2　新疆纺织企业品牌竞争力提升路径

资料来源：作者自绘。

（一）第 I 阶段：实施公司品牌战略以打造新疆知名纺织品牌

1. 新疆纺织企业实施公司品牌战略的好处

（1）公司品牌能有效降低成本。

第一，公司品牌能在广告等市场营销活动上为新疆纺织企业带来规模经济效应。

第二，纺织品是一个产品更新换代较快的行业，公司品牌对新疆纺织企业特别有效，因为新疆纺织企业需要不断开发新的产品以满足消费者不断变化的时尚要求。此时若使用多品牌战略可能使消费者产生混淆，而使用公司品牌战略能够使公司所有的产品都能以统一、清晰的品牌形象示人。

（2）公司品牌使消费者有一种属于同一群体的归属感。

许多消费者愿意为他们所信仰的身份识别支付更多。如果新疆纺织企业能找到让消费者认同的差异化的身份识别，消费者就愿意支付更多的品牌溢价，从而为新疆纺织企业带来更丰厚的利润。成功使用公司品牌战略能帮助像天山纺织这样的新疆纺织企业赢得大批"忠实粉丝"，走出"低利润"的困境。

（3）公司品牌能提供一种被利益相关者广泛认可的标志。

第一，强势的公司品牌象征着高水平的竞争力、高品质和对细节的关注，并且能让公司旗下的所有产品品牌也共享这种积极的品牌形象。

第二，强势的公司品牌能帮助公司抵御外部攻击。例如：当一家媒体指责英国品牌"美体小屋"（the Body Shop）在测试其产品的过程中不够诚实时，美体小屋拿出其公司品牌公开回应大众的质疑，因为其公司形象一直以来就是以关注动物权利的强烈道德标准而著称，从而很好地化解了这场危机。可见，当公司遭遇品牌危机时，公司品牌是其最好的"保护伞"（杨一翁，2015）。

第三，同一个品牌标志在不同文化背景下可能有不同含义。强势的公司品牌能让不同文化背景下的消费者共享其标志，最典型的例子就是麦当劳的金色M形。在"一带一路"倡议背景下，新疆纺织企业正在走向品牌国际化道路，创造一种能让国际消费者广泛认可的品牌标志至关重要。

由于以上三方面好处，本研究建议新疆纺织企业实施公司品牌战略以打造新疆知名纺织品牌。

2. 新疆纺织企业实施公司品牌战略的关键

如前所述，公司品牌由三个维度构成：愿景、文化、形象（Hatch，Schultz，2001）。公司愿景（Corporate Vision）指最高管理者对公司未来理想状态的愿望。公司文化（Corporate Culture）指公司由其价值观、英雄人物、礼仪与典礼和文化网络等组成的独特文化形象。公司形象（Corporate Image）指以公司外部利益相关者为主的社会公众对于公司的整体感知、印象或态度。

新疆纺织企业实施公司品牌战略的关键在于将这三个维度连接起来，使用公司品牌化工具箱尽量减少三者之间的差距，如图5-3所示。

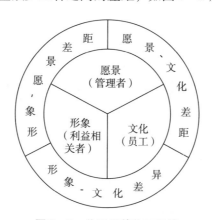

图5-3　公司品牌化工具箱

资料来源：根据 Hatch 和 Schultz（2001，pp. 131）原图，由本研究重新编绘而成。

（1）愿景—文化差距（管理者与员工之间）。

当公司高管将公司引入某个战略方向时，员工并不理解与支持。有些CEO

提出过于野心勃勃的愿景，往往脱离现实而不成功。此时，失望的管理者们会常常抱怨员工抵制变革，而使员工充满挫折感，从而对变革冷嘲热讽与充满怀疑。出现这种状况，公司只会祸起萧墙。因此，新疆纺织企业需要经常用以下问题审问自己，以衡量愿景—文化差距。

第一，本公司能实践本研究所提倡的价值观吗？

第二，本公司的愿景能鼓舞所有亚文化群体吗？

第三，本公司的所有员工都能理解本公司的共享价值观吗？

第四，本公司的愿景与文化是否与竞争对手有显著的差异？

（2）形象—文化差异（利益相关者与员工之间）。

公司形象与公司文化的不一致使顾客不知道公司到底代表什么。在当今移动互联网时代，公司口碑在互联网上传播得非常快，所以保持良好的公司形象有巨大的现实意义。为了识别出形象—文化差异，新疆纺织企业需要比较其员工在说些什么，以及其顾客与其他利益相关者（合作伙伴、竞争对手、媒体、社区和政府等）在说些什么。新疆纺织企业需要经常用以下问题审问自己，以衡量形象—文化差异。

第一，利益相关者认为本公司的品牌形象是什么？（包括真实的与感知的）

第二，本公司的员工与利益相关者是如何互动的？公司与利益相关者的沟通渠道是什么？

第三，本公司的员工对利益相关者的看法关心吗？

（3）形象—愿景差距（利益相关者与管理者之间）。

如果不知道顾客的需求，最精心设计的战略也会失败。因此，新疆纺织企业需要经常用以下问题审问自己，以衡量形象—愿景差距。

第一，谁是本公司的利益相关者？谁是关键利益相关者？

第二，利益相关者想从本公司得到什么？

第三，本公司经常就本公司的愿景与利益相关者进行充分、有效的沟通吗？

小结以上，使用公司品牌化工具箱（Hatch，Schultz，2001），时刻监控与不断减少愿景—文化差距（管理者与员工之间）、形象—文化差异（利益相关者与员工之间）和形象—愿景差距（利益相关者与管理者之间），是新疆纺织企业成功实施公司品牌战略的关键，从而帮助新疆纺织企业打造有竞争力的新疆知名纺织品牌。

（二）第Ⅱ阶段：综合实施公司与区域品牌战略以打造全国知名纺织品牌

1. 基于新疆资源优势与特色打造独特的新疆区域品牌形象定位

第一，新疆资源与环境分析。2017 年，新疆棉花种植面积、产量、质量均呈现稳步增长态势，棉花播种面积 2896.61 万亩，占全国比重超过 60%；棉花产量 408.2 万吨，占全国比重超过 74%；优质棉花产量占全国比重达 67%。新疆棉花总产量占全国比重连续两年超过 70%，这表明新疆棉花成为国内棉花供给重要支柱，"一枝独秀"的供给格局已经形成。同时，新疆丰富的能源如煤炭资源与风能，为新疆充足的电能和低廉的电价水平提供了坚实的基础。此外，新疆地处亚欧大陆腹地，陆地边境线 5600 多公里，周边与俄罗斯、哈萨克斯坦、吉尔吉斯斯坦、塔吉克斯坦、巴基斯坦、蒙古国、印度、阿富汗 8 个国家接壤，在历史上是古丝绸之路的重要通道，现在是第二座"亚欧大陆桥"的必经之地，是"一带一路"的核心区，其战略位置十分重要。可见，新疆独特的历史与区位优势为新疆纺织品牌进入国际市场提供了独一无二的优势。

第二，新疆区域发展目标。"一带一路"倡议的提出，为新疆的未来发展提供了千载难逢的机遇。新疆区域在"一带一路"倡议中的发展目标可以确定为：利用新疆地处亚欧大陆中心的地理优势，发挥新疆能源、资源与农产品生产加工优势，借力新疆西邻八国的地缘优势，着力打造中国面向中亚、南亚的"丝绸之路经济带"中心区、重点区与关键区，努力推进中国的向西开放与西部大开发战略实施，合力构建中国中亚战略，提升新疆国际形象与地位。

第三，新疆精神与核心价值观。新疆应大力弘扬"爱国爱疆、团结奉献、勤劳互助、开放进取"的新疆精神。同时，新疆需要从其环境、资源、文化、历史、经济和人文等要素中提炼出新疆的核心价值观，并使之指导新疆的区域品牌打造活动。

第四，新疆区域品牌形象定位。在以上工作的基础上，本研究建议新疆政府、行业协会、产业联盟和新疆企业等使用李飞等提出的定位钻石模型（李飞等，2005；李飞等，2006；李飞，刘茜，2004），打造独特的新疆区域品牌形象定位，如图 5-4 所示。

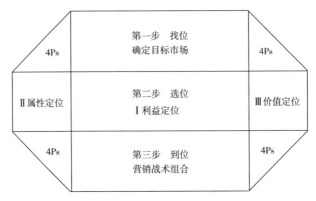

图5-4 定位钻石模型

资料来源：李飞等的系列论文。

2. 数字时代下新疆区域品牌形象传播价值共创模式

在确定新疆区域品牌形象定位之后，另一项重要工作是将此定位传播给国际公众，特别是"一带一路"沿线国家的新疆区域品牌建设的利益相关者。

第一，本研究结合利益相关者理论（Easterling，2005；Freeman，1984；Kotler et al.，1993）、价值共创理论（Prahalad，Ramaswamy，2000；Vargo，Lusch，2004；武文珍，陈启杰，2012）和公司品牌的相关研究（Gregory，2007；杨一翁等，2017），提出数字时代下新疆区域品牌形象传播价值共创双曲线模式，如图5-5所示。

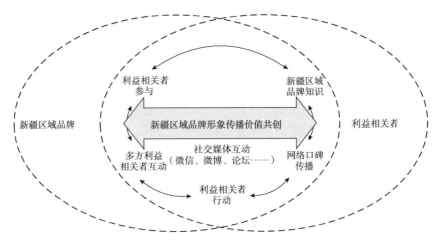

图5-5 数字时代下新疆区域品牌形象传播价值共创双曲线模式

资料来源：作者编制。

如图 5 - 5 所示，图中间的五个步骤（参与、知识、传播、行动、互动）已在公司品牌研究中得到验证（Gregory，2007）。公司品牌与区域品牌的最大共同点在于两者均面向多方利益相关者（Oguztimur，Akturan，2016）。因此，本研究将这五个步骤应用于区域品牌形象传播。

第二，在数字时代下，区域品牌形象传播是一个各方利益相关者使用社交媒体充分互动、共创价值的过程。建议新疆政府、行业协会、产业联盟和新疆企业在使用此双曲线模式进行新疆区域品牌形象传播的过程中充分考虑"一带一路"倡议背景与新疆区域品牌形象定位。

3. 新疆区域品牌打造的组织与管理

第一，发挥新疆维吾尔自治区政府职能，深化自治区管理体制改革，提高自治区管理效率。

第二，建立调动各方利益相关者积极参与新疆区域品牌建设的有效机制。

第三，综合运用经济、法律和技术等多种手段，提高新疆区域品牌管理效率与水平。

第四，成立新疆区域品牌建设委员会，整合自治区各级部门工作，协调运行。

第五，定期检查、评估新疆区域品牌建设的效果。

小结以上，本研究建议新疆纺织企业综合实施区域与公司品牌战略，使用李飞等构建的定位钻石模型，打造独特的新疆区域品牌形象定位；基于数字时代下新疆区域品牌形象传播价值共创双曲线模式，进行新疆区域品牌形象定位的传播；并注重新疆区域品牌工作的组织与管理。通过以上工作，打造全国知名纺织品牌。

（三）第Ⅲ阶段：综合实施公司、区域和国家品牌战略以打造国际知名纺织品牌

新疆纺织企业应该联合全国纺织业产业集群和中国政府，共同努力打造"中国"这个强势国家品牌。

1. 发挥政府的导向与服务功能，建立健全国家品牌的政策体系

第一，建立国家品牌管理委员会。

第二，健全政策支持体系。

第三，强化政府主导，调动各方力量。

2. 加强知识产权保护、鼓励创新、促进中国国际知名品牌崛起

第一，完善知识产权立法。

第二，加强知识产权执法保护。

第三，规制不正当竞争，保护消费者权益。

3. 加大政策支持力度，强化自主品牌的竞争优势

第一，加大对品牌经营的支持力度。

第二，积极支持、引导有条件的中国公司"走出去"，拓展对外投资合作的新领域与新途径。

第三，积极开展品牌知识教育、培育全民品牌意识。

4. 实施"国家营销战略"，传播中国的国家品牌形象，提升中国的国际地位

当前，中国社会各界已经认识到"国家品牌"的力量，正在积极实施"国家营销战略"。2017年9月，中央电视台正式发布"国家品牌计划"，计划发布后得到了社会各界的广泛关注与高度认可，也得到了大批名牌企业（如海尔、云南白药、格力、华为、美的、万达等）的热烈响应。2015年5月，国务院发布《中国制造2025》，要把我国从当前的"制造大国"建设成未来的"制造强国"。其中强调要"充分发挥各类媒体作用，加大中国品牌宣传推广力度，树立中国制造品牌良好形象"。2011年1月，由国务院新闻办公室发起，高小龙导演，李嘉诚、姚明和袁隆平等中国各界名人参与拍摄的《中国形象宣传片》亮相纽约时报广场。2009年11月，中国商务部向CNN与BBC等国际主流媒体发布宣传"中国制造，世界合作"理念的30秒广告。以上标志着中国国家营销时代的到来。本研究建议中国政府、国家品牌管理机构和中国媒体等各界将"中国"作为一个品牌来系统性地打造，集合企业界、学术界、政府和媒体的力量，共同打造强势的"中国"国家品牌。

综上所述，本研究建议新疆纺织企业通过以上三个阶段，综合公司品牌战略、区域品牌战略和国家品牌战略，不断提升竞争力，完成"新疆知名纺织品牌→全国知名纺织品牌→国际知名纺织品牌"的逐步飞跃。

四、未来研究展望

本研究实证检验了国家、区域和公司品牌形象之间的关系，以及三者对消

费者纺织品牌态度与购买意向的影响机制。本研究以天山纺织羊毛衫作为研究对象，服装是一种低介入度产品（潘煜等，2012），消费者不太熟悉，此时国家与区域品牌形象发挥光环效应（Han，1989）。如果以汽车（杨一翁等，2017）、手机（姚杰等，2008）和家电（朱凌等，2013）等高介入度产品作为研究对象，区域、国家和公司品牌形象之间可能形成不同的关系（Han，1989），三者对消费者纺织品牌态度与购买意向的影响机制也可能发生变化。建议未来的研究选择更多的国家、区域、行业和产品收集数据，以进一步验证与扩展本研究的研究结论。此外，本研究以中国消费者作为调查对象，建议未来的研究选择外国消费者特别是"一带一路"沿线国家的消费者作为调查对象，以进一步验证与完善本研究的研究结论。

第六章　结　论

第一节　本书的研究结论

新疆为"新丝绸之路经济带"的核心区，迎来前所未有的黄金发展机遇；新疆拥有得天独厚的纺织业资源优势。然而，新疆纺织企业竞争力不强，缺少纺织知名品牌。因此，本书从品牌视角研究新疆纺织企业竞争力。现有文献很少从品牌视角研究新疆纺织企业竞争力，很少探索品牌竞争力的影响因素，很少探索纺织企业品牌资产，很少有文献探索消费者纺织品牌态度与购买意向的影响因素。

针对现实世界与理论研究中存在的问题，本书开展三项研究。

第三章基于光环效应模型，使用问卷调查法与深度访谈法等，探索区域、公司和产品品牌形象对消费者与财务视角下的品牌竞争力的影响机制。第三章发现：区域品牌在消费者的纺织品购买决策中发挥光环效应；公司品牌形象对消费者纺织品购买决策的影响最为重要；产品品牌形象显著地正向影响消费者与财务视角下的品牌竞争力，但其总效应不及公司品牌形象；新疆纺织业缺少全国与国际知名品牌，很多新疆纺织企业患有"营销近视症"，只关注产品质量，而忽视了市场需求。

第四章基于品牌资产理论以及各大品牌资产模型，使用焦点小组访谈法、深度访谈法和问卷调查法等，探索纺织企业品牌资产的构成维度，以及各个维度之间的关系。第四章发现，纺织企业的品牌资产包括六个维度：品牌知名度、感知质量、品牌个性、公司形象、品牌评价和品牌共鸣。这六个维度分为四个层级。第一层级为品牌知名度；第二层级为感知质量、品牌个性和公司形象；第三层级为品牌评价；第四层级为品牌共鸣。

第五章基于理性行为理论与光环效应模型，使用问卷调查法，探索国家、区域和公司品牌形象之间的关系，以及三者对消费者纺织品牌态度与购买意向的影响机制。第五章发现，区域品牌形象对消费者态度与购买意向存在如下影响路径：区域品牌形象→消费者态度→消费者购买意向；国家与区域品牌形象均通过中介变量公司品牌形象进一步影响消费者纺织品牌态度，消费者纺织品牌态度最终影响消费者纺织品牌购买意向。

第二节　本书的理论贡献

第一，基于光环效应模型，当消费者进行低介入购买决策（购买纺织品）时，厘清了区域、公司和产品品牌形象之间的关系；同时厘清了国家、区域和公司品牌形象之间的关系。区域品牌形象通过中介变量公司与产品品牌形象间接影响消费者及财务视角下的品牌竞争力；国家与区域品牌形象均通过中介变量公司品牌形象进一步影响消费者态度。上述研究成果将进一步丰富光环效应模型在品牌研究领域的应用，同时将进一步丰富品牌理论研究。

第二，同时基于消费者与财务两种视角，全面地评估了品牌竞争力。消费者视角下的品牌竞争力可用品牌知名度与品牌忠诚度等指标进行评估；财务视角下的品牌竞争力可用市场占有率与利润率等指标进行评估。消费者视角下的品牌竞争力最终影响财务视角下的品牌竞争力。上述研究成果将进一步丰富品牌竞争力理论研究。

第三，基于 Aaker 模型、Keller 模型、BAV 模型和 BrandZ 模型这四大品牌资产模型，厘清了纺织企业品牌资产的构成维度以及各个维度之间的关系。纺织企业的品牌资产包括六个维度：品牌知名度、感知质量、品牌个性、公司形象、品牌评价和品牌共鸣。这六个维度分为四个层级。第一层级为品牌知名度；第二层级为感知质量、品牌个性和公司形象；第三层级为品牌评价；第四层级为品牌共鸣。四个层级存在逐步递进的关系。上述研究成果将进一步丰富品牌资产理论。

第四，当消费者购买纺织品牌时，区域品牌形象既直接影响消费者纺织品牌态度，又通过中介变量公司品牌形象进一步影响消费者纺织品牌态度，消费者纺织品牌态度最终影响消费者纺织品牌购买意向。在区域品牌研究领域证实了理性行为理论提出的影响路径：信念→态度→行为倾向（Fishbein，Ajzen，1975）。上述研究成果将进一步丰富区域品牌理论研究，进一步扩展理性行为理论在区域品牌研究领域的应用。

第三节　本书的管理决策启示

第一，建议新疆纺织企业使用公司品牌战略，树立卓越的公司品牌形象。建议新疆纺织企业在品牌架构与品牌组合的设计中（Aaker，2004；Keller，2013），突出公司品牌的显著性。在公司内部，用公司愿景指引与激励股东、管理者和员工等内部利益相关者；在公司外部，在以消费者为代表的外部利益相关者心智中树立卓越的公司形象；同时以核心价值观（对内）与行为规范（对外）向内、外部利益相关者传播公司文化。公司品牌形象包括公司能力与公司社会责任两个维度（田阳等，2009）。首先，公司能力主要包括专业、创新和研发三种能力（杨一翁，2015）。天山纺织企业的主要问题是创新与研发能力不强。建议新疆纺织企业在创新与研发上大力投入，肯下血本吸引与留住人才，聘请国际顶尖设计师。其次，公司还需要在劳工权益、环保和慈善公益等方面尽到社会责任。在"一带一路"倡议的指引下，新疆纺织企业正在走向海外。在国际市场上，国际公众对跨国公司的社会责任问题越来越关注（张宏等，2014），想要树立卓越的国际形象，新疆纺织企业需要提高在海外市场的社会责任表现。

第二，建议新疆纺织品牌充分利用新疆区域品牌的光环效应，打造新疆特色品牌。当前，新疆纺织品牌的品牌个性不够鲜明，其品牌定位较为模糊，难以进入国内外消费者的心智。面料对于纺织品的最终质量十分重要（季莉，贺良震，2014）。新疆的羊绒与棉花无论是产量还是质量都处于全国领先地位。建议新疆纺织企业充分利用新疆区域品牌形象的"光环效应"。例如：在其官方网站、天猫旗舰店和京东等网络销售平台的产品网页下增加面料的介绍，突出新疆羊绒（"软黄金"）绒细、绒长和光泽度好的特色，强调使用新疆羊绒制成的羊绒制品具有滑糯、柔和及贴服性好的优点，并特别注明新疆羊绒是高端产品的主要面料来源。其次，"民族的就是世界的"，在产品设计上，可以增加一些新疆特色元素，突出新疆纺织品牌"热情、时尚、个性"的新疆特色。

第三，建议新疆纺织积极主动转型升级，打造高端纺织品牌，提高产品附加值，不打价格战。新疆纺织企业的产品质量没问题，但普遍的问题是：款式比较老气、不时尚；此外，新疆纺织企业普遍患有"营销近视症"，只注重提升产品质量而忽视营销传播；只注重品牌与产品的功能性价值而忽视其享乐性价值；只注重消费者的理性诉求而忽视消费者的感性诉求。根据宏碁集团创始人施振荣提出的"微笑曲线"理论（施振荣，2014），在产业链中，高附加值更多体现在两端，即研发与营销，处于中间环节的生产制造附加值最低。新疆纺织企业不重视研发、不重视营销、不重视品牌建设，导致产品价格上不去、公司利润低、品牌竞争力弱。建议新疆纺织企业积极主动进行转型升级，运用李飞等构建的定位钻石模型（李飞等，2005；李飞等，2006；李飞，刘茜，2004），对其纺织品牌进行科学的重新定位，运用 Keller（2013）提出的创建强势品牌的四部曲，把其纺织品牌打造为"源自新疆的高端羊绒品牌"，逐步提高产品价格，提升公司利润率，最终提高品牌竞争力。

第四，建议新疆纺织企业通过以下四个步骤打造有竞争力的纺织品牌。

第一步：建立深厚的、广泛的品牌认知。建议新疆纺织企业选择合适的品牌元素（Keller，2013），构建品牌识别系统（Wheeler，2014），以建立深厚的、广泛的品牌知名度。

第二步：提高消费者对品牌质量的感知；通过品牌定位打造独一无二、与目标顾客的个性相匹配的品牌个性；树立良好的公司形象（提升公司能力的同时不能忽视企业社会责任）。建议新疆纺织企业进一步：①"勤练内功"。弘扬工匠精神，勇攀质量高峰，提高品牌的感知质量。②"修炼外功"。基于定位理论（Keller，2013；Ries，Trout，1981），打造独一无二、核心顾客认同的品牌个性（金立印，2006），树立差异化的公司形象（杨一翁，2015）。在此过程中，中国企业除了开发明星产品，还需特别重视公司品牌的建设（杨一翁，2015）。

第三步：赢得积极的品牌评价。建议新疆纺织企业从理性（产品的主要成分、可靠性和耐用性，以及服务的便利性、友好性和效率等）与情感（温暖感、乐趣感、兴奋感、安全感、社会认同感和至尊感等）两方面赢得消费者积极的品牌评价（Keller，2013；Solomon，2017）。

第四步：引发强烈的、积极的和长期的品牌共鸣；维系良好的品牌—顾客关系；保持品牌忠诚度。建议新疆纺织企业进一步引发消费者强烈的、积极的和长期的品牌共鸣，保持良好的顾客—品牌关系，提高品牌忠诚度。

第五，建议新疆纺织企业按照如下三个阶段打造有竞争力的国际知名纺织品牌。

第Ⅰ阶段：实施公司品牌战略以打造新疆知名纺织品牌。在实施公司品牌战略的过程中，使用公司品牌化工具箱（Hatch，Schultz，2001）时刻监视与努力减少三组差距：愿景—文化差距（管理者与员工之间）、形象—文化差异（利益相关者与员工之间）、形象—愿景差距（利益相关者与管理者之间）。

第Ⅱ阶段：综合实施公司与区域品牌战略以打造全国知名纺织品牌。基于李飞等的定位钻石模型（李飞等，2005；李飞等，2006；李飞，刘茜，2004），确定新疆独特的区域品牌形象定位；基于数字时代下新疆区域品牌形象传播价值共创双曲线模式，对新疆区域品牌形象进行整合营销传播；对上述过程进行科学地组织与控制。

第Ⅲ阶段：综合实施公司、区域和国家品牌战略以打造国际知名纺织品牌。建议中国政府、国家品牌管理机构、企业界、学术界和媒体等共同努力，制定国家营销战略，系统性地打造"中国"这个强势国家品牌，使中国各个区域、各个行业、各个公司的品牌得到普惠。

参考文献

［1］ Aaker D A, Keller K L. Consumer evaluations of brand extensions ［J］. Journal of Marketing, 1990, 54（January）: 27 – 41.

［2］ Aaker D A. Brand portfolio strategy ［M］. New York: The Free Press, 2004.

［3］ Aaker D A. Building strong brands ［M］. New York: The Free Press, 1996.

［4］ Aaker D A. Managing brand equity ［M］. New York: The Free Press, 1991.

［5］ Aaker J L. Dimensions of brand personality ［J］. Journal of Marketing Research, 1997, 34（3）: 347 – 356.

［6］ Aghekyan – Simonian M, Forsythe S, Kwon W S, et al. The role of product brand image and online store image on perceived risks and online purchase intentions for apparel ［J］. Journal of Retailing & Consumer Services, 2012, 19（3）: 325 – 331.

［7］ Ahmed SA, d' Astous A. Product – country images in Canada and in the People's Republic of China ［J］. Journal of International Consumer Marketing, 1999, 11（1）: 5 – 22.

［8］ Ahmed Z U, Johnson J P, Yang X, et al. Does country of origin matter for low – involvement products? ［J］. International Marketing Review, 2004, 21（1）: 102 – 120.

［9］ Andéhn M, Nordin F, Nilsson M E. Facets of country image and brand equity: revisiting the role of product categories in country-of-origin effect research ［J］. Journal of Consumer Behaviour, 2016, 15（3）: 225 – 238.

［10］ nsary A, Hashim N M H N. Brand image and equity: the mediating role of brand equity drivers and moderating effects of product type and word of mouth ［J］. Review of Managerial Science, 2017（3）: 1 – 34.

［11］ Aroian L A. The probability function of the product of two normally distributed variables ［J］. The Annals of Mathematical Statistics, 1947, 18（2）: 265 – 271.

［12］ Aydin G, Ulengin B. Effect of brand equity on firms' financial performance in consumer goods industries [J]. Journal of Business, Economics & Finance, 2015, 4 (3): 331 – 350.

[13] Baldauf A, Cravens K S, Diamantopoulos A, et al. The impact of product – country image and marketing efforts on retailer – perceived brand equity: an empirical analysis [J]. Journal of Retailing, 2009, 85 (4): 437 – 452.

[14] Balmer J M T. Corporate brand management imperatives: custodianship, credibility, and calibration [J]. California Management Review, 2012, 54 (3): 6 – 33.

[15] Baumgarth C, Schmidt M. How strong is the business – to – business brand in the workforce? an empirically – tested model of "internal brand equity" in a business – to – business setting [J]. Industrial Marketing Management, 2010, 39 (8): 1250 – 1260.

[16] Berens G, van Riel C B M, van Bruggen G H. Corporate associations and consumer product responses: the moderating role of corporate brand dominance [J]. Journal of Marketing, 2005, 69 (July): 35 – 48.

[17] Blichfeldt B S, Halkier H, Halkier H, et al. Mussels, tourism and community development: a case study of place branding through food festivals in Rural North Jutland, Denmark [J]. European Planning Studies, 2014, 22 (8): 1587 – 1603.

[18] Bose S, Roy S K, Alwi S F S, et al. Measuring customer based place brand equity (CBPBE) from a public diplomacy perspective: evidence from West Bengal [J]. Journal of Business Research, 2018 (2): 1 – 11.

[19] Brand Z. Most valuabal global brands 2017 [R]. New York City: Millward Brown, 2017.

[20] Braun E, Eshuis J, Klijn E H, et al. Improving place reputation: do an open place brand process and an identity – image match pay off? [J]. Cities, 2017 (8): 1 – 17.

[21] Braun E, Eshuis J, Klijn E H. The effectiveness of place brand communication [J]. Cities, 2014, 41 (12): 64 – 70.

[22] Brijs K, Bloemer J, Kasper H. Country – image discourse model: unraveling meaning, structure, and function of country images [J]. Journal of Business Research, 2011, 64 (12): 1259 – 1269.

[23] Brown T J, Dacin P A. The company and the product: corporate associations and consumer product responses [J]. Journal of Marketing, 1997, 61 (1): 68 – 84.

[24] Campelo A, Aitken R, Thyne M, et al. Sense of place: the importance for destination branding [J]. Journal of Travel Research, 2014, 53 (2): 154 – 166.

[25] Chang N J, Fong C M. Green product quality, green corporate image, green customer sat-

isfaction, and green customer loyalty [J]. African Journal of Business Management, 2010, 4 (13): 2836 – 2844.

[26] Chen C Y, Mathur P, Maheswaran D. The effects of country – related affect on product e-valuations [J]. Journal of Consumer Research, 2014, 41 (4): 1033 – 1046.

[27] Chow C S F, Tang E P Y, Fu I S F. Global marketers' dilemma: whether to translate the brand name into local language [J]. Journal of Global Marketing, 2007, 20 (4): 25 – 38.

[28] Chung J – E, Pysarchik D T, Hwang S J. Effects of country – of – manufacture and brand image on Korean consumers' purchase intention [J]. Journal of Global Marketing, 2009, 22 (1): 21 – 41.

[29] Collins J, Porras J I. Built to last: successful habits of visionary companies [M]. New York: Harper Collins Publishers, 2002.

[30] Dijkmans C, Kerkhof P, Beukeboom C. A stage to engage: social media use and corporate reputation [J]. Tourism Management, 2015 (47): 58 – 67.

[31] Elliot S, Papadopoulos N, Kim S S. An integrative model of place image: exploring relationships between destination, product, and country images [J]. Journal of Travel Research, 2011, 50 (5): 520 – 534.

[32] Erdem T, Swait J. Brand credibility, brand consideration, and choice [J]. Journal of Consumer Research, 2004, 31 (1): 191 – 198.

[33] Fishbein M, Ajzen I. Belief, attitude, intention, and behavior: an introduction to theory and research [M]. Boston: Addison – Wesley, 1975.

[34] Godey B, Pederzoli D, Aiello G, et al. Brand and country – of – origin effect on consumers' decision to purchase luxury products [J]. Journal of Business Research, 2012, 65 (10): 1461 – 1470.

[35] Goodman L A. On the exact variance of products [J]. Journal of the American Statistical Association, 1960, 55 (292): 708 – 713.

[36] GUO Xiao – ling. Living in a global world: influence of consumer global orientation on attitudes toward global brands from developed versus emerging countries [J]. Journal of International Marketing, 2013, 21 (1): 1 – 22.

[37] Hahm J, Tasci A D, Terry D B. Investigating the interplay among the olympic games image, destination image, and country image for four previous hosts [J]. Journal of Travel & Tourism Marketing, 2018 (4): 1 – 17.

［38］ Hair Jr J F, Hult G T M, Ringle C M, et al. A primer on Partial Least Squares Structural Equation Modeling (PLS – SEM) ［M］. Los Angeles: Sage Publications, 2014.

［39］ Hamzaoui – Essoussi L, Merunka D, Bartikowski B. Brand origin and country of manufacture influences on brand equity and the moderating role of brand typicality ［J］. Journal of Business Research, 2011, 64 (9): 973 – 978.

［40］ Han C M. Country image: halo or summary construct? ［J］. Journal of Marketing Research, 1989, 26 (2): 222 – 229.

［41］ Han C M. Testing the role of country image in consumer choice behavior ［J］. European Journal of Marketing, 1990, 24 (6): 24 – 40.

［42］ Han C M. The role of consumer patriotism in the choice of domestic versus foreign products ［J］. Journal of Advertising Research, 1988, 28 (3): 25 – 32.

［43］ Hariharan V G, Desai K K, Talukdar D, et al. Shopper marketing moderators of the brand equity – behavioral loyalty relationship ［J］. Journal of Business Research, 2018 (85): 91 – 104.

［44］ Hatch M J, Schultz M. Are the strategic stars aligned for your corporate brand? ［J］. Harvard Business Review, 2001, 79 (2): 128 – 134.

［45］ He Y, Lai K K. The effect of corporate social responsibility on brand loyalty: the mediating role of brand image ［J］. Total Quality Management & Business Excellence, 2014, 25 (3 – 4): 249 – 263.

［46］ Herrero Crespo A, Héctor S M G, Collado Agudo J. Brand equity of tourism destinations: the influence of country image and regional image ［J］. Docfradis Working Papers, 2015 (06): 1 – 19.

［47］ Hsieh M – H, Pan S – L, Setiono R. Product –, corporate –, and country – image dimensions and purchase behavior: a multicountry analysis ［J］. Journal of the Academy of Marketing Science, 2004, 32 (3): 251 – 270.

［48］ Hussain T, Li B. Measuring country image in terrorism reports: evidence from Pakistan ［J］. Quality & Quantity, 2018 (52): 1 – 12.

［49］ Best global brands 2017 ［R］. New York City: Interbrand, 2017.

［50］ Jalilvand M R, Samiei N, Dini B, et al. Examining the structural relationships of electronic word of mouth, destination image, tourist attitude toward destination and travel intention: an integrated approach ［J］. Journal of Destination Marketing & Management, 2012, 1 (1 – 2): 134 – 143.

［51］ Jin Y P, Park K, Dubinsky A J. Impact of retailer image on private brand attitude：halo effect and summary construct ［J］. Australian Journal of Psychology, 2011, 63 （3）：173 – 183.

［52］ Johnson R, Bruwer J. Regional brand image and perceived wine quality：the consumer perspective ［J］. International Journal of Wine Business Research, 2007, 19 （4）：276 – 297.

［53］ Joseph U A. 德国制造：国家品牌战略启示录 ［M］. 赛迪研究院专家组，译. 北京：中国人民大学出版社，2016.

［54］ Keller K L. Conceptualizing, measuring, and managing customer – based brand equity ［J］. Journal of Marketing, 1993 （57）：1 – 22.

［55］ Keller K L. Strategic brand management：building, measuring and managing brand equity ［M］. 4th ed. London：Pearson Education, 2013.

［56］ Kim H K, Lee T J. Brand equity of a tourist destination ［J］. Sustainability, 2018, 10 （2）：1 – 21.

［57］ Kim H, Kim W G, An J A. The effect of consumer - based brand equity on firms' financial performance ［J］. Journal of Consumer Marketing, 2003, 20 （4）：335 – 351.

［58］ Kim J – H, Hyun Y J. A model to investigate the influence of marketing – mix efforts and corporate image on brand equity in the IT software sector ［J］. Industrial Marketing Management, 2011, 40 （3）：424 – 438.

［59］ Kim N, Chun E, Ko E. Country of origin effects on brand image, brand evaluation, and purchase intention：a closer look at Seoul, New York, and Paris fashion collection ［J］. International Marketing Review, 2017, 34 （2）：254 – 271.

［60］ Kim S B, Kwon K J. Examining the relationships of image and attitude on visit intention to Korea among Tanzanian college students：the moderating effect of familiarity ［J］. Sustainability, 2018, 10 （2）：1 – 15.

［61］ King C, Grace D. Building and measuring employee – based brand equity ［J］. European Journal of Marketing, 2010, 44 （7/8）：938 – 971.

［62］ Klein J G, Ettenson R, Morris M D. The animosity model of foreign product purchase：an empirical test in the People' s Republic of China ［J］. Journal of Marketing, 1998, 62 （1）：89 – 100.

［63］ Klijn E – H, Eshuis J, Braun E. The influence of stakeholder involvement on the effectiveness of place branding ［J］. Public Management Review, 2012, 14 （4）：499 – 519.

［64］Kltringer C, Dickinger A, Martin D, et al. Analyzing destination branding and image from online sources: a web content mining approach ［J］. Journal of Business Research, 2015, 68 (9): 1836 – 1843.

［65］Koschate – Fischer N, Diamantopoulos A, Oldenkotte K. Are consumers really willing to pay more for a favorable country image? a study of country – of – origin effects on willingness to pay ［J］. Journal of International Marketing, 2012, 20 (1): 19 – 41.

［66］Kotler P, Gertner D. Country as brand, product and beyond: a place marketing and brand management perspective ［J］. Brand Management, 2002, 9 (4 – 5): 249 – 261.

［67］Kotler P, Swee H A, Siew M L, et al. Marketing management: an asian perspective ［M］. 2nd ed. Singapore: Prentice Hall, 1999.

［68］Kotsi F, Balakrishnan M S, Michael I, et al. Place branding: aligning multiple stakeholder perception of visual and auditory communication elements ［J］. Journal of Destination Marketing & Management, 2016 (9): 1 – 19.

［69］Lampert S I, Jaffe E D. A Dynamic approach to country – of – origin effect ［J］. European Journal of Marketing, 1998, 32 (1/2): 61 – 78.

［70］Larsen H G. A Hypothesis of the dimensional organization of the city construct: a starting point for city brand positioning ［J］. Journal of Destination Marketing & Management, 2015, 4 (1): 13 – 23.

［71］Larsen H G. The "mental topography" of the Shanghai city brand: a netnographic approach to formulating city brand positioning strategies ［J］. Journal of Destination Marketing & Management, 2017 (4): 1 – 12.

［72］Lee R, Lockshin L. Halo effects of tourists' destination image on domestic product perceptions ［J］. Australasian Marketing Journal, 2011, 19 (1): 7 – 13.

［73］LI Dong – jin, WANG Cheng – lu, JIANG Ying, et al. The asymmetric influence of cognitive and affective country image on rational and experiential purchases ［J］. European Journal of Marketing, 2014, 48 (11/12): 2153 – 2175.

［74］Lieven T. The effect of brand gender on brand equity—a simple fallacy? ［J］. Psychology & Marketing, 2018, 31 (5): 371 – 385.

［75］Lindblom A, Lindblom T, Lehtonen M J, et al. A study on country images, destination beliefs, and travel intentions: a structural equation model approach ［J］. International Journal of Tourism Research, 2018, 20 (1): 1 – 10.

［76］Loureiro S M C, Kaufmann H R. Advertising and country – of – origin images as sources of brand equity and the moderating role of brand typicality [J]. Baltic Journal of Management, 2017, 12 (2): 153 – 170.

[77] Martín H S, Herrero A. An integrative model of destination brand equity and tourist satisfaction [J]. Current Issues in Tourism, 2018 (4): 1 – 22.

[78] Martin I M, Eroglu S. Measuring a multi – dimensional construct: country image [J]. Journal of Business Research, 1993 (28): 191 – 210.

[79] Martinez E, Polo Y, Chernatony L D. Effect of brand extension strategies on brand image [J]. International Marketing Review, 2008, 21 (1): 39 – 50.

[80] Mistilis N, Buhalis D, Gretzel U, et al. Future destination marketing: perspective of an australian tourism stakeholder network [J]. Journal of Travel Research, 2014, 53 (6): 778 – 790.

[81] Mitchell A A, Olson J C. Are Product attribute beliefs the only mediator of advertising effects on brand attitude? [J]. Journal of Marketing Research, 1981, 18 (August): 318 – 332.

[82] Molina A, Fernández A C, Gómez M, et al. Differences in the city branding of european capitals based on online vs. offline sources of information [J]. Tourism Management, 2017, 58 (2): 28 – 39.

[83] Muscat B. Towards effective place brand management: branding european cities and regions [J]. Annals of Tourism Research, 2011, 38 (3): 1210 – 1211.

[84] Myers D G. Social psychology [M]. New York City: McGraw – Hill Education, 2013.

[85] Nagashima A. A comparison of Japanese and U. S. attitudes toward foreign products [J]. Journal of Marketing, 1970, 34 (1): 68 – 74.

[86] Newman G E, Dhar R. Authenticity is contagious: brand essence and the original source of production [J]. Journal of Marketing Research, 2014, 51 (3): 371 – 386.

[87] Padmore T, Gibson H. Modelling systems of innovation [J]. Research Policy, 1998, 26 (6): 625 – 641.

[88] Pang A, Lwin M O, Ng S M, et al. Utilization of CSR to build organizations' corporate image in Asia: need for an integrative approach [J]. Asian Journal of Communication, 2018 (3): 1 – 25.

[89] Peterson R A, Jolibert A J. A meta – analysis of country – of – origin effects [J]. Journal of International Business Studies, 1995, 26 (4): 883 – 900.

[90] Rosenbloom A, Haefner J E. Country – of – origin effects and global brand trust: a first look [J]. Journal of Global Marketing, 2009, 22 (4): 267 – 278.

［91］Roth K P, Diamantopoulos A. Advancing the country image construct ［J］. Journal of Business Research, 2009, 62 (7): 726 – 740.

［92］Roth M S, Romeo, J B. Matching product category and country image perceptions: a framework for managing country – of – origin effects ［J］. Journal of International Business Studies, 1992, 23 (3): 447 – 497.

［93］Schooler R D. Product bias in the central american common market ［J］. Journal of Marketing Research, 1965, 8 (2): 394 – 397.

［94］Seo E J, Park J W. A study on the effects of social media marketing activities on brand equity and customer response in the airline industry ［J］. Journal of Air Transport Management, 2018 (66): 36 – 41.

［95］Shukla P. Impact of interpersonal influences, brand origin and brand image on luxury purchase intentions: measuring interfunctional interactions and a cross – national comparison ［J］. Journal of World Business, 2011, 46 (2): 242 – 252.

［96］Skuras D, Dimara E. Regional image and the consumption of regionally denominated products ［J］. Urban Studies, 2004, 36 (41): 801 – 815.

［97］Sobel M E. Asymptotic confidence intervals for indirect effects in structural equation models ［J］. Sociological Methodology, 1982 (13): 290 – 312.

［98］Solomon M R. Consumer behavior: buying, having, and being (12E) ［M］. New Jersey: Pearson Education, 2017.

［99］Stylidis D, Sit J K, Biran A. Residents' place image: a meaningful psychographic variable for tourism segmentation? ［J］. Journal of Travel & Tourism Marketing, 2018 (2): 1 – 11.

［100］Stylidis D, Sit J, Biran A. An exploratory study of residents' perception of place image: the case of Kavala ［J］. Journal of Travel Research, 2014 (12): 1 – 16.

［101］Stylidis D. Residents' place image: a cluster analysis and its links to place attachment and support for tourism ［J］. Journal of Sustainable Tourism, 2018 (2): 1 – 20.

［102］Suter M B, Borini F M, Floriani D E, et al. Country – of – Origin Image (COI) as a Country – Specific Advantage (CSA): scale development and validation of COI as a resource within the firm perspective ［J］. Journal of Business Research, 2018 (84): 46 – 58.

［103］Tasci A D A. Testing the cross – brand and cross – market validity of a Consumer – Based Brand Equity (CBBE) model for destination brands ［J］. Tourism Management, 2018 (65): 143 – 159.

［104］Vallaster C, Lindgreen A. Corporate brand strategy formation: brand actors and the situational context for a business – to – business brand ［J］. Industrial Marketing Management, 2011, 40 (7): 1133 – 1143.

［105］ Vatankhah S, Darvishi M. An empirical investigation of antecedent and consequences of internal brand equity: evidence from the airline industry ［J］. Journal of Air Transport Management, 2018 (69): 49 – 58.

［106］ Verlegh P W, Steenkamp J – B E. A review and meta – analysis of country – of – origin research ［J］. Journal of Economic Psychology, 1999, 20 (5): 521 – 546.

［107］ Wallace E, Chernatony L D. The influence of culture and market orientation on services brands: insights from irish banking and retail firms ［J］. Journal of Services Marketing, 2011, 25 (7): 475 – 488.

［108］ WANG Cheng – lu, LI Dong – jin, Barnes B R, et al. Country image, product image and consumer purchase intention: evidence from an emerging economy ［J］. International Business Review, 2012, 21 (6): 1041 – 1051.

［109］ Wang C – K, Lamb C W J. The impact of selected environmental forces upon consumers' willingness to buy foreign products ［J］. Journal of the Academy of Marketing Science, 1983, 11 (2): 71 – 84.

［110］ Wheeler A. 品牌识别设计：给整个品牌化团队的重要指南（第 4 版）［M］. 高杨, 译. 北京：电子工业出版社, 2014.

［111］ Wong P P W, Teoh K. The influence of destination competitiveness on customer – based brand equity ［J］. Journal of Destination Marketing & Management, 2015, 4 (4): 206 – 212.

［112］ Yasin N M, Noor M N, Mohamad O. Does image of country ‐ of ‐ origin matter to brand equity? ［J］. Journal of Product & Brand Management, 2007, 16 (1): 38 – 48.

［113］ Zenker S, Braun E, Petersen S. Branding the destination versus the place: the effects of brand complexity and identification for residents and visitors ［J］. Tourism Management, 2017 (58): 15 – 27.

［114］ Zhang H, Wu Y, Buhalis D. A model of perceived image, memorable tourism experiences and revisit intention ［J］. Journal of Destination Marketing & Management, 2017 (7): 1 – 11.

［115］ Zhang Y. Chinese consumers' evaluation of foreign products: the influence of culture, product types and product presentation format ［J］. European Journal of Marketing, 1996, 30 (12): 50 – 68.

［116］Zhang Y. Country – of – origin effect： the moderating function of individual difference in information processing ［J］. International Marketing Review, 1997, 14 (4)： 266 – 287.

［117］Zhou L, Wang T. Social media： a new vehicle for city marketing in China ［J］. Cities, 2014, 37 (2)： 27 – 32.

［118］Zou S, Cavusgil S T. The GMS： a broad conceptualization of global marketing strategy and its effect on firm performance ［J］. Journal of Marketing, 2002, 66 (4)： 40 – 56.

［119］阿地力·吾布力，聂春霞，杨海珍. 基于投入产出分析的新疆纺织业发展研究 ［J］. 新疆社会科学，2015 (5)： 42 – 49.

［120］白彦壮，张春情，殷红春. 创新文化环境驱动的自主品牌竞争力构建 ［J］. 科技管理研究，2016, 36 (15)： 257 – 261.

［121］白元龙，赵仁康. 品牌竞争力视角下扶持中小企业自主品牌成长的政策工具研究 ［J］. 南京社会科学，2017 (5)： 26 – 32.

［122］陈增祥，何云，刘博群. 怀旧弱化中国消费者对外国品牌的评价：物质主义的中介作用 ［J］. 营销科学学报，2014, 10 (3)： 113 – 127.

［123］范庆基. 中国国家形象，企业形象与品牌形象的影响关系——基于韩国消费者评价视角 ［J］. 营销科学学报，2011, 7 (1)： 99 – 114.

［124］［美］菲利普·科特勒，凯文·莱恩·凯勒. 营销管理（第 15 版）［M］. 何佳讯，等，译. 北京：中国人民大学出版社，2016.

［125］符国群，苏子逸. 中国消费者评价进口产品的影响因素研究 ［J］. 管理学报，2014, 11 (4)： 585 – 590.

［126］符国群，佟学英. 品牌、价格和原产地如何影响消费者的购买选择 ［J］. 管理科学学报，2003 (6)： 79 – 84.

［127］顾华详. 丝绸之路经济带视野下新疆文化交流的挑战与机遇 ［J］. 新疆社会科学，2016 (2)： 120 – 126.

［128］郭功星，周星，涂红伟. 消费者敌意研究脉络梳理及未来展望 ［J］. 外国经济与管理，2014, 36 (6)： 51 – 59.

［129］郭晓凌，王永贵. 消费者的全球消费导向与全球品牌态度——主效应、调节效应及中美差异 ［J］. 南开管理评论，2013, 16 (6)： 4 – 18.

［130］何佳讯. 全球品牌化研究回顾：构念，脉络与进展 ［J］. 营销科学学报，2013, 9 (4)： 1 – 19.

［131］黄敏学，廖俊云，周南. 社区体验能提升消费者的品牌忠诚吗——不同体验成分的作用与影响机制研究 ［J］. 南开管理评论，2015, 18 (3)： 151 – 160.

[132] 季莉，贺良震. 纺织面料识别与检测［M］. 上海：东华大学出版社，2014.

[133] 江红艳，王海忠，陈增祥. 心理加工模式对品牌原产国刻板印象逆转的影响——如何看待新兴国家的"新线索"［J］. 中山大学学报（社会科学版），2013，53（4）：189－200.

[134] 江红艳，王海忠. 原产国刻板印象逆转研究前沿探析［J］. 外国经济与管理，2011，33（7）：34－40.

[135] 江明华，曹鸿星. 品牌形象模型的比较研究［J］. 北京大学学报（哲学社会科学版），2003，40（2）：107－114.

[136] 姜岩，董大海. 消费者视角下的品牌竞争力界定、生成与评价［J］. 华东经济管理，2008，22（4）：107－112.

[137] 金错刀. 爆品战略：39个超级爆品案例的故事、逻辑与方法［M］. 北京：北京联合出版社，2016.

[138] ［美］凯文·莱恩·凯勒. 战略品牌管理（第4版）［M］. 吴水龙，何云，译. 北京：中国人民大学出版社，2014.

[139] 兰杰，谢红海，王晨乐. 区域形象视域下新疆多模态外宣体系构建［J］. 新疆社会科学，2017（4）：136－141.

[140] 李翠玲，秦续忠，赵红. 旅游目的地品牌忠诚度与整体印象影响因素研究——以新疆昌吉州为例［J］. 管理评论，2017，29（7）：82－92.

[141] 李东进，安钟石，周荣海，吴波. 基于Fishbein合理行为模型的国家形象对中国消费者购买意向影响研究——以美、德、日、韩四国国家形象为例［J］. 南开管理评论，2008，11（5）：40－49.

[142] 李东进，董俊青，周荣海. 地区形象与消费者产品评价关系研究——以上海和郑州为例［J］. 南开管理评论，2007，10（2）：60－68.

[143] 李飞，刘明葳，吴俊杰. 沃尔玛和家乐福在华市场定位的比较研究［J］. 南开管理评论，2005，8（3）：60－66.

[144] 李飞，刘茜. 市场定位战略的综合模型研究［J］. 南开管理评论，2004，7（5）：39－43.

[145] 李飞，王高，杨斌，等. 高速成长的营销神话——基于中国10家成功企业的多案例研究［J］. 管理世界，2009（2）：138－151.

[146] 李豫新，刘乐. 丝绸之路经济带背景下纺织业竞争力评价与动态预测——以新疆为例［J］. 科技管理研究，2016，36（17）：72－78.

[147] 连淑能. 论中西思维方式［J］. 外语与外语教学，2002（2）：40－46.

[148] 柳思维, 钟辉, 曾燕红. 城市产业品牌形成因素实证研究——基于结构方程模型分析视角 [J]. 系统工程, 2014, 32 (3): 119 – 125.

[149] 卢宏亮, 李桂华, 李英禹. B2B 品牌化对企业间关系及财务绩效的影响研究 [J]. 南开管理评论, 2016, 19 (4): 169 – 180.

[150] 马东亮. "一带一路"国家愿景与新疆沿边民族地区发展的新机遇: 国家安全与地区发展的协调共进 [J]. 兰州学刊, 2016 (9): 137 – 142.

[151] 马轶男. 关于提高我国智能手机企业品牌竞争力的建议 [J]. 经济问题探索, 2013 (12): 164 – 168.

[152] 马轶男. 品牌竞争力的评价指标体系的构建 [J]. 经济问题探索, 2013 (3): 153 – 157.

[153] 苗辉, 由亚男. 新疆纺织业国际竞争力分析 [J]. 特区经济, 2008 (9): 214 – 216.

[154] 潘煜, 朱凌, 刘丹. 低介入度产品迷惑式品牌名称的原产地认知研究——以瓶装水、洗发水、服装为例 [J]. 管理学报, 2012, 9 (1): 97 – 107.

[155] 齐昕, 刘家树. 创新协同度、区域创新绩效与自主品牌竞争力 [J]. 软科学, 2015 (7): 56 – 59.

[156] 沈忱, 李桂华, 顾杰, 等. 产业集群品牌竞争力评价指标体系构建分析 [J]. 科学学与科学技术管理, 2015 (1): 88 – 98.

[157] 施振荣. 微笑曲线: 缔造永续企业的王道 [M]. 上海: 复旦大学出版社, 2014.

[158] 苏红键, 朱爱琴, 李季鹏. "一带一路"倡议下新疆制造业发展思路研究 [J]. 新疆社会科学 (汉文版), 2017 (3): 61 – 67.

[159] 孙丽辉, 毕楠, 李阳, 等. 国外区域品牌化理论研究进展探析 [J]. 外国经济与管理, 2009, 31 (2): 40 – 49.

[160] 孙丽辉, 盛亚军, 徐明. 国内区域品牌理论研究进展述评 [J]. 经济纵横, 2008 (11): 121 – 124.

[161] 孙丽辉, 王艳芳, 蓝海平, 等. 区域品牌形象效应的实验检验——基于原产国理论 [J]. 税务与经济, 2015 (3): 1 – 9.

[162] 田阳, 王海忠, 陈增祥. 公司形象对消费者信任和购买意向的影响机制 [J]. 商业经济与管理, 2009 (9): 65 – 72.

[163] 王海忠, 杨光玉, 江红艳, 黄磊. 跨国品牌联盟中国家典型性对原产国效应的稀释作用 [J]. 营销科学学报, 2013, 9 (1): 18 – 31.

[164] 王海忠, 于春玲, 赵平. 品牌资产的消费者模式与产品市场产出模式的关系 [J]. 管理世界, 2006 (1): 106 – 119.

[165] 王海忠，赵平. 品牌原产地效应及其市场策略建议——基于欧、美、日、中四地品牌形象调查分析 [J]. 中国工业经济，2004（1）：78 – 86.

[166] 王海忠. 消费者民族中心主义的中国本土化研究 [J]. 南开管理评论，2003（4）：31 – 36.

[167] 王红君，张锐，邓群. 复杂语言关联情境下科技期刊品牌竞争力评价研究 [J]. 中国科技期刊研究，2016，27（6）：637 – 644.

[168] 王鹏，庄贵军，周英超. 爱国主义和民族主义对中国消费者国货意识影响的研究 [J]. 管理学报，2012，9（4）：548 – 554.

[169] 王文龙. 中国地理标志农产品品牌竞争力提升研究 [J]. 财经问题研究，2016（8）：80 – 86.

[170] 王长征，寿志钢. 西方品牌形象及其管理理论研究综述 [J]. 外国经济与管理，2007，29（12）：15 – 22.

[171] 魏立安. 教育类期刊提升品牌竞争力的深度思考——从基础教育期刊视角审视 [J]. 出版发行研究，2017（4）：18 – 21.

[172] 吴开军. 中国大陆省域旅游目的地品牌竞争力研究——基于可视的世界级和国家级景区品牌视角 [J]. 经济管理，2016（6）：125 – 137.

[173] 吴水龙，卢泰宏. 公司品牌与产品品牌对购买意向影响的实证研究 [J]. 管理学报，2009，6（1）：112 – 117.

[174] 武文珍，陈启杰. 价值共创理论形成路径探析与未来研究展望 [J]. 外国经济与管理，2012（6）：66 – 73.

[175] 夏曾玉，谢健. 区域品牌建设探讨——温州案例研究 [J]. 中国工业经济，2003（10）：43 – 48.

[176] 徐彪，张骁，张珣. 品牌来源国对顾客忠诚和感知质量的影响机制 [J]. 管理学报，2012，9（8）：1183 – 1189.

[177] 许春晓，莫莉萍. 旅游目的地品牌资产驱动因素模型研究——以凤凰古城为例 [J]. 旅游学刊，2014，29（7）：77 – 87.

[178] 许基南. 品牌竞争力研究 [M]. 北京：经济管理出版社，2005.

[179] 许衍凤，赵晓康. "老字号"品牌竞争力评价及提升对策研究 [J]. 价格理论与实践，2013（5）：85 – 86.

[180] 杨杰. 区域形象量表的研制与效度检验：以安徽为例 [J]. 华东经济管理，2008，22（12）：33 – 38.

[181] 杨一翁，李季鹏，齐芳芳，等. 分层级的品牌资产模型：基于新疆天山纺织的数据

[J]. 人力资源管理, 2017 (12): 645 - 648.

[182] 杨一翁, 孙国辉, 纪雪洪. 消费者视角下的综合品牌效应研究——基于汽车品牌的数据 [J]. 中央财经大学学报, 2015 (11): 105 - 112.

[183] 杨一翁, 孙国辉, 陶晓波. 公司品牌对品牌资产的影响机制——内、外部利益相关者视角 [J]. 中央财经大学学报, 2017 (10): 95 - 105.

[184] 杨一翁, 孙国辉, 陶晓波. 国家目的地形象和出境旅游意向 [J]. 经济管理, 2017, 39 (4): 143 - 158.

[185] 杨一翁, 孙国辉, 涂剑波. 高介入购买决策下的国家品牌效应研究 [J]. 管理学报, 2017, 14 (4): 580 - 589.

[186] 杨一翁, 孙国辉, 张欣瑞. 国家品牌效应及其调节变量研究 [J]. 企业经济, 2016 (3): 11 - 16.

[187] 杨一翁, 孙国辉. 公司品牌的相关概念辨析 [J]. 商业时代, 2014 (35): 69 - 70.

[188] 杨一翁, 孙国辉. 国家、公司和产品品牌形象对消费者态度与购买倾向的作用机制——基于运动品牌的数据 [J]. 经济管理, 2013, 35 (1): 99 - 109.

[189] 杨一翁. 国家目的地品牌研究 [M]. 北京: 知识产权出版社, 2018.

[190] 杨一翁. 利益相关者视角下的公司品牌 [M]. 北京: 知识产权出版社, 2015.

[191] 杨一翁. 消费者视角下的国家品牌 [M]. 北京: 知识产权出版社, 2017.

[192] 姚杰, 魏巍, 王强. 高介入度市场品牌资产构成要素对顾客重购意愿的影响研究 [J]. 南京师大学报 (社会科学版), 2008 (6): 53 - 57.

[193] 袁政慧. 产业集群三维嵌入性与企业品牌竞争力关系研究 [J]. 当代财经, 2016 (1): 73 - 82.

[194] 约翰·P·科特, 詹姆斯·L·赫斯克特. 企业文化与经营业绩 [M]. 李晓涛, 译. 北京: 中国人民大学出版社, 2004.

[195] 张宏, 谷隽楠, 吕冠珠. 东道国政府对跨国公司社会责任践行监管的动态博弈分析 [J]. 东岳论丛, 2014, 35 (11): 152 - 157.

[196] 张宏梅, 蔡利平. 国家形象与目的地形象: 概念的异同和整合的可能 [J]. 旅游学刊, 2011, 26 (9): 12 - 18.

[197] 张婧, 邓卉. 品牌价值共创的关键维度及其对顾客认知与品牌绩效的影响: 产业服务情境的实证研究 [J]. 南开管理评论, 2013, 16 (2): 104 - 115.

[198] 张婧, 蒋艳新. 产业服务企业品牌导向对品牌资产的影响机制研究 [J]. 管理评论, 2016, 28 (3): 184 - 195.

[199] 张静儒, 陈映臻, 曾祺, 等. 国家视角下的目的地形象模型——基于来华国际游客的

实证研究 [J]. 旅游学刊, 2015, 30 (3): 13 - 22.

[200] 张燚, 张锐. 城市品牌论 [J]. 管理学报, 2006, 3 (4): 468 - 476.

[201] 张颖, 王振. 体育用品品牌竞争力的国内研究述评 [J]. 沈阳体育学院学报, 2016, 35 (4): 54 - 58.

[202] 张颖. 我国体育用品品牌竞争力培育对策与发展前景 [J]. 沈阳体育学院学报, 2015, 34 (4): 34 - 38.

[203] 赵卫宏, 周南, 朱海庆. 基于资源与制度视角的区域品牌驱动机理与策略研究 [J]. 宏观经济研究, 2015 (2): 26 - 38.

[204] 赵新民. "一带一路" 下新疆传统纺织产业集群创新研究——以石河子为例 [J]. 科技管理研究, 2017, 37 (17): 156 - 161.

[205] 郑培娟, 杨树青, 张建彬. 集群品牌竞争力影响因素的实证研究——基于福建三地的集群企业分析 [J]. 科技管理研究, 2015, 332 (10): 138 - 143.

[206] 周小梅, 范鸿飞. 区域声誉可激励农产品质量安全水平提升吗? ——基于浙江省丽水区域品牌案例的研究 [J]. 农业经济问题, 2017 (4): 85 - 92.

[207] 朱凌, 高丽, 潘煜. 高介入度产品品牌原产地识别准确度研究——以中国市场电视机品牌为例 [J]. 系统管理学报, 2013, 22 (2): 239 - 250.

[208] 朱战国, 李子键. 结构分解视角下来源国形象对消费者产品评价的影响研究 [J]. 中央财经大学学报, 2017 (11): 118 - 128.

[209] 庄德林, 伍翠园. 区域品牌模型与绩效评估研究进展与展望 [J]. 外国经济与管理, 2014, 36 (9): 29 - 37.

[210] 庄贵军, 周南, 周连喜. 国货意识、品牌特性与消费者本土品牌偏好——一个跨行业产品的实证检验 [J]. 管理世界, 2006 (7): 85 - 94, 114, 172.

[211] 庄国栋, 张辉. 旅游城市品牌竞争力影响因素研究 [J]. 江西社会科学, 2015 (8): 208 - 213.

附　　录

一、区域、公司和产品品牌形象对消费者与财务视角下的品牌竞争力的影响机制研究调查问卷

如果您了解新疆天山纺织，请填写本问卷；如果您不了解，请不要填写，以免对研究结果造成干扰，谢谢！

本问卷用于科学研究，填写约需五分钟。

本调查受到教育部人文社科基金、北京市社科基金、新疆教育厅基金和北方工业大学基金项目的资助，在此表示感谢！

第一部分　新疆区域品牌形象

（一）政府治理

1. 新疆政府的政策透明度高。
   ① 完全不同意
   ② 非常不同意
   ③ 不同意
   ④ 中立
   ⑤ 同意
   ⑥ 非常同意
   ⑦ 完全同意

2. 新疆政府是高效的。
   ① 完全不同意

②非常不同意

③不同意

④中立

⑤同意

⑥非常同意

⑦完全同意

3. 新疆政府是廉洁的。

①完全不同意

②非常不同意

③不同意

④中立

⑤同意

⑥非常同意

⑦完全同意

4. 新疆的基础设施完善。

①完全不同意

②非常不同意

③不同意

④中立

⑤同意

⑥非常同意

⑦完全同意

5. 新疆的对外开放程度高。

①完全不同意

②非常不同意

③不同意

④中立

⑤同意

⑥非常同意

⑦完全同意

（二）自然禀赋

6. 新疆的气候宜人。
　　① 完全不同意
　　② 非常不同意
　　③ 不同意
　　④ 中立
　　⑤ 同意
　　⑥ 非常同意
　　⑦ 完全同意

7. 新疆的环境优美。
　　① 完全不同意
　　② 非常不同意
　　③ 不同意
　　④ 中立
　　⑤ 同意
　　⑥ 非常同意
　　⑦ 完全同意

8. 新疆的地理位置优越。
　　① 完全不同意
　　② 非常不同意
　　③ 不同意
　　④ 中立
　　⑤ 同意
　　⑥ 非常同意
　　⑦ 完全同意

9. 新疆的资源丰富。
　　① 完全不同意
　　② 非常不同意
　　③ 不同意

④ 中立

⑤ 同意

⑥ 非常同意

⑦ 完全同意

（三）人口素质

10. *新疆人民很友善*。

　　① 完全不同意

　　② 非常不同意

　　③ 不同意

　　④ 中立

　　⑤ 同意

　　⑥ 非常同意

　　⑦ 完全同意

11. *新疆人民讲礼仪*。

　　① 完全不同意

　　② 非常不同意

　　③ 不同意

　　④ 中立

　　⑤ 同意

　　⑥ 非常同意

　　⑦ 完全同意

12. *新疆人民很勤劳*。

　　① 完全不同意

　　② 非常不同意

　　③ 不同意

　　④ 中立

　　⑤ 同意

　　⑥ 非常同意

　　⑦ 完全同意

第二部分　天山纺织的公司品牌形象

(一) 公司能力

13. 天山纺织的实力很强。
　　① 完全不同意
　　② 非常不同意
　　③ 不同意
　　④ 中立
　　⑤ 同意
　　⑥ 非常同意
　　⑦ 完全同意

14. 天山纺织的实力很弱。
　　① 完全不同意
　　② 非常不同意
　　③ 不同意
　　④ 中立
　　⑤ 同意
　　⑥ 非常同意
　　⑦ 完全同意

15. 天山纺织的创新能力很强。
　　① 完全不同意
　　② 非常不同意
　　③ 不同意
　　④ 中立
　　⑤ 同意
　　⑥ 非常同意
　　⑦ 完全同意

16. 天山纺织意味着高品质。
　　① 完全不同意

② 非常不同意

③ 不同意

④ 中立

⑤ 同意

⑥ 非常同意

⑦ 完全同意

（二）企业社会责任

17. 天山纺织具有社会责任感。

① 完全不同意

② 非常不同意

③ 不同意

④ 中立

⑤ 同意

⑥ 非常同意

⑦ 完全同意

18. 天山纺织大力支持公益事业。

① 完全不同意

② 非常不同意

③ 不同意

④ 中立

⑤ 同意

⑥ 非常同意

⑦ 完全同意

19. 天山纺织有良好的社会道德。

① 完全不同意

② 非常不同意

③ 不同意

④ 中立

⑤ 同意

⑥ 非常同意

⑦ 完全同意

第三部分　天山羊绒衫的产品品牌形象

20. 天山羊绒衫十分舒适。

　　① 完全不同意

　　② 非常不同意

　　③ 不同意

　　④ 中立

　　⑤ 同意

　　⑥ 非常同意

　　⑦ 完全同意

21. 天山羊绒衫纯真自然。

　　① 完全不同意

　　② 非常不同意

　　③ 不同意

　　④ 中立

　　⑤ 同意

　　⑥ 非常同意

　　⑦ 完全同意

22. 天山羊绒衫货真价实。

　　① 完全不同意

　　② 非常不同意

　　③ 不同意

　　④ 中立

　　⑤ 同意

　　⑥ 非常同意

　　⑦ 完全同意

23. 天山羊绒衫亲近大众。

　　① 完全不同意

② 非常不同意

③ 不同意

④ 中立

⑤ 同意

⑥ 非常同意

⑦ 完全同意

24. 天山羊绒衫质朴无华。

① 完全不同意

② 非常不同意

③ 不同意

④ 中立

⑤ 同意

⑥ 非常同意

⑦ 完全同意

第四部分　天山纺织的品牌竞争力

（一）品牌知名度

25. 天山纺织在行业内非常有名。

① 完全不同意

② 非常不同意

③ 不同意

④ 中立

⑤ 同意

⑥ 非常同意

⑦ 完全同意

26. 我知道天山纺织。

① 完全不同意

② 非常不同意

③ 不同意

④ 中立

⑤ 同意

⑥ 非常同意

⑦ 完全同意

27. 在众多竞争者中，我能识别出天山纺织。

　　① 完全不同意

　　② 非常不同意

　　③ 不同意

　　④ 中立

　　⑤ 同意

　　⑥ 非常同意

　　⑦ 完全同意

28. 天山纺织的品牌形象在我脑海中是清晰的。

　　① 完全不同意

　　② 非常不同意

　　③ 不同意

　　④ 中立

　　⑤ 同意

　　⑥ 非常同意

　　⑦ 完全同意

29. 我能够回想起天山纺织的某些特征。

　　① 完全不同意

　　② 非常不同意

　　③ 不同意

　　④ 中立

　　⑤ 同意

　　⑥ 非常同意

　　⑦ 完全同意

（二）品牌忠诚度

30. 我是天山纺织的忠实顾客。

　　① 完全不同意

　　② 非常不同意

　　③ 不同意

　　④ 中立

　　⑤ 同意

　　⑥ 非常同意

　　⑦ 完全同意

31. 天山纺织是我的优先选择。

　　① 完全不同意

　　② 非常不同意

　　③ 不同意

　　④ 中立

　　⑤ 同意

　　⑥ 非常同意

　　⑦ 完全同意

32. 在未来几年，我会继续购买天山纺织的产品。

　　① 完全不同意

　　② 非常不同意

　　③ 不同意

　　④ 中立

　　⑤ 同意

　　⑥ 非常同意

　　⑦ 完全同意

33. 我会鼓励亲朋好友购买天山纺织的产品。

　　① 完全不同意

　　② 非常不同意

　　③ 不同意

④ 中立

⑤ 同意

⑥ 非常同意

⑦ 完全同意

34. 我愿意推荐天山纺织的产品给身边的人。

① 完全不同意

② 非常不同意

③ 不同意

④ 中立

⑤ 同意

⑥ 非常同意

⑦ 完全同意

（三）市场占有率

35. 与主要的竞争对手相比，天山纺织的销售额一直在迅速增长。

① 完全不同意

② 非常不同意

③ 不同意

④ 中立

⑤ 同意

⑥ 非常同意

⑦ 完全同意

36. 天山纺织的市场占有率很高。

① 完全不同意

② 非常不同意

③ 不同意

④ 中立

⑤ 同意

⑥ 非常同意

⑦ 完全同意

37. 天山纺织的市场占有率很低。

　　① 完全不同意

　　② 非常不同意

　　③ 不同意

　　④ 中立

　　⑤ 同意

　　⑥ 非常同意

　　⑦ 完全同意

（四）利润率

38. 与主要的竞争对手相比，天山纺织的产品是非常赚钱的。

　　① 完全不同意

　　② 非常不同意

　　③ 不同意

　　④ 中立

　　⑤ 同意

　　⑥ 非常同意

　　⑦ 完全同意

39. 天山纺织的利润率很高。

　　① 完全不同意

　　② 非常不同意

　　③ 不同意

　　④ 中立

　　⑤ 同意

　　⑥ 非常同意

　　⑦ 完全同意

40. 天山纺织的利润率很低。

　　① 完全不同意

　　② 非常不同意

　　③ 不同意

④ 中立

⑤ 同意

⑥ 非常同意

⑦ 完全同意

第五部分　个人信息

41. 我所在的地区＿＿＿＿＿＿＿。

① 北京

② 新疆

42. 我是天山纺织的（　　）。

① 员工

② 顾客

43. 性别＿＿＿＿＿＿＿。

① 男

② 女

44. 年龄＿＿＿＿＿＿＿。

① 18 岁以下

② 18～28 岁

③ 29～40 岁

④ 41～48 岁

⑤ 49～55 岁

⑥ 55 岁以上

45. 教育程度＿＿＿＿＿＿＿。

① 高中及以下

② 大学专科

③ 大学本科

④ 硕士

⑤ 博士

46. 月收入＿＿＿＿＿＿＿。

① 2000 元以下

② 2000～4999 元

③ 5000～9999 元

④ 1 万～2 万元

⑤ 2 万元以上

47. 平均每月用于购买服饰的支出＿＿＿＿＿＿＿。

① 200 元以下

② 200～499 元

③ 500～999 元

④ 1000～2000 元

⑤ 2000 元以上

问卷调查到此结束，再次感谢您的参与！

二、分层级的新疆纺织品牌资产研究调查问卷

如果您了解新疆天山纺织，请填写本问卷；如果您不了解，请不要填写，以免对研究结果造成干扰，谢谢！

本问卷用于科学研究，填写约需五分钟。

本调查受到教育部人文社科基金、北京市社科基金、新疆教育厅基金和北方工业大学基金项目的资助，在此表示感谢！

第一部分　品牌知名度

1. 这个品牌很出名，我很熟悉。
   ① 完全不同意
   ② 非常不同意
   ③ 不同意
   ④ 中立
   ⑤ 同意
   ⑥ 非常同意
   ⑦ 完全同意

2. 这个品牌家喻户晓，大家很熟悉。
   ① 完全不同意
   ② 非常不同意
   ③ 不同意
   ④ 中立
   ⑤ 同意
   ⑥ 非常同意
   ⑦ 完全同意

3. 我经常看到这个品牌的广告。
   ① 完全不同意
   ② 非常不同意
   ③ 不同意
   ④ 中立

⑤ 同意

⑥ 非常同意

⑦ 完全同意

第二部分　感知质量

4. 我觉得这个品牌物有所值。

① 完全不同意

② 非常不同意

③ 不同意

④ 中立

⑤ 同意

⑥ 非常同意

⑦ 完全同意

5. 这个品牌的质量很稳定、可靠。

① 完全不同意

② 非常不同意

③ 不同意

④ 中立

⑤ 同意

⑥ 非常同意

⑦ 完全同意

6. 这个品牌使用起来很舒适。

① 完全不同意

② 非常不同意

③ 不同意

④ 中立

⑤ 同意

⑥ 非常同意

⑦ 完全同意

7. 这个品牌产品更新换代能力强。

    ① 完全不同意

    ② 非常不同意

    ③ 不同意

    ④ 中立

    ⑤ 同意

    ⑥ 非常同意

    ⑦ 完全同意

8. 这个品牌的款式很好。

    ① 完全不同意

    ② 非常不同意

    ③ 不同意

    ④ 中立

    ⑤ 同意

    ⑥ 非常同意

    ⑦ 完全同意

9. 这个品牌有很多系列产品供我选择。

    ① 完全不同意

    ② 非常不同意

    ③ 不同意

    ④ 中立

    ⑤ 同意

    ⑥ 非常同意

    ⑦ 完全同意

第三部分　品牌形象

（一）品牌个性

10. 该品牌的个性形象与我的个性形象相符。

    ① 完全不同意

② 非常不同意

③ 不同意

④ 中立

⑤ 同意

⑥ 非常同意

⑦ 完全同意

11. 我认同该品牌所代表的价值观。

① 完全不同意

② 非常不同意

③ 不同意

④ 中立

⑤ 同意

⑥ 非常同意

⑦ 完全同意

12. 我认同该品牌所代表的生活方式。

① 完全不同意

② 非常不同意

③ 不同意

④ 中立

⑤ 同意

⑥ 非常同意

⑦ 完全同意

13. 使用该品牌能体现出我的社会地位。

① 完全不同意

② 非常不同意

③ 不同意

④ 中立

⑤ 同意

⑥ 非常同意

⑦ 完全同意

14. 使用该品牌能使我获得他人尊重。

　　① 完全不同意

　　② 非常不同意

　　③ 不同意

　　④ 中立

　　⑤ 同意

　　⑥ 非常同意

　　⑦ 完全同意

15. 该品牌能助我与不同类的人区分开。

　　① 完全不同意

　　② 非常不同意

　　③ 不同意

　　④ 中立

　　⑤ 同意

　　⑥ 非常同意

　　⑦ 完全同意

（二）公司形象

16. 该公司实力非常强。

　　① 完全不同意

　　② 非常不同意

　　③ 不同意

　　④ 中立

　　⑤ 同意

　　⑥ 非常同意

　　⑦ 完全同意

17. 该公司意味着高品质。

　　① 完全不同意

　　② 非常不同意

　　③ 不同意

④ 中立

⑤ 同意

⑥ 非常同意

⑦ 完全同意

18. 该公司具有社会责任感。

　　① 完全不同意

　　② 非常不同意

　　③ 不同意

　　④ 中立

　　⑤ 同意

　　⑥ 非常同意

　　⑦ 完全同意

19. 该公司大力支持公益事业。

　　① 完全不同意

　　② 非常不同意

　　③ 不同意

　　④ 中立

　　⑤ 同意

　　⑥ 非常同意

　　⑦ 完全同意

20. 该公司有良好的社会道德。

　　① 完全不同意

　　② 非常不同意

　　③ 不同意

　　④ 中立

　　⑤ 同意

　　⑥ 非常同意

　　⑦ 完全同意

第四部分　品牌评价

21. 该品牌是一个好品牌。

　　① 完全不同意

　　② 非常不同意

　　③ 不同意

　　④ 中立

　　⑤ 同意

　　⑥ 非常同意

　　⑦ 完全同意

22. 我喜欢该品牌。

　　① 完全不同意

　　② 非常不同意

　　③ 不同意

　　④ 中立

　　⑤ 同意

　　⑥ 非常同意

　　⑦ 完全同意

23. 该品牌很吸引我。

　　① 完全不同意

　　② 非常不同意

　　③ 不同意

　　④ 中立

　　⑤ 同意

　　⑥ 非常同意

　　⑦ 完全同意

24. 我信赖该品牌。

　　① 完全不同意

　　② 非常不同意

　　③ 不同意

④ 中立

⑤ 同意

⑥ 非常同意

⑦ 完全同意

25. 该品牌的产品是安全的。

　　① 完全不同意

　　② 非常不同意

　　③ 不同意

　　④ 中立

　　⑤ 同意

　　⑥ 非常同意

　　⑦ 完全同意

26. 该品牌是诚实的。

　　① 完全不同意

　　② 非常不同意

　　③ 不同意

　　④ 中立

　　⑤ 同意

　　⑥ 非常同意

　　⑦ 完全同意

27. 我愿意试用该品牌。

　　① 完全不同意

　　② 非常不同意

　　③ 不同意

　　④ 中立

　　⑤ 同意

　　⑥ 非常同意

　　⑦ 完全同意

28. 我可能购买该品牌。

　　① 完全不同意

②非常不同意

③不同意

④中立

⑤同意

⑥非常同意

⑦完全同意

第五部分 品牌共鸣

29. 我会一直坚持买这个品牌。

①完全不同意

②非常不同意

③不同意

④中立

⑤同意

⑥非常同意

⑦完全同意

30. 我认为我忠实于这个品牌。

①完全不同意

②非常不同意

③不同意

④中立

⑤同意

⑥非常同意

⑦完全同意

31. 我愿意向朋友推荐这个品牌。

①完全不同意

②非常不同意

③不同意

④中立

⑤同意

⑥ 非常同意

⑦ 完全同意

32. 我已习惯用这个品牌。

① 完全不同意

② 非常不同意

③ 不同意

④ 中立

⑤ 同意

⑥ 非常同意

⑦ 完全同意

33. 这个品牌是我的第一选择。

① 完全不同意

② 非常不同意

③ 不同意

④ 中立

⑤ 同意

⑥ 非常同意

⑦ 完全同意

34. 只要商店有这个品牌的产品，我不会购买其他品牌的同类商品。

① 完全不同意

② 非常不同意

③ 不同意

④ 中立

⑤ 同意

⑥ 非常同意

⑦ 完全同意

第六部分　个人信息

35. 性别_____。

① 男

②女

36. 年龄_____。

①17 岁及以下

②18 ~ 28 岁

③29 ~ 40 岁

④41 ~ 49 岁

⑤50 岁及以上

37. 教育程度_____。

①高中及以下

②大学专科

③大学本科

④硕士

⑤博士

38. 月收入_____。

①2000 元以下

②2000 ~ 4999 元

③5000 ~ 9999 元

④1 万 ~ 2 万元

⑤2 万元以上

问卷调查到此结束，再次感谢您的参与！

三、国家、区域和公司品牌形象对消费者纺织品牌态度与购买意向的影响机制研究调查问卷

如果您了解新疆天山纺织，请填写本问卷；如果您不了解，请不要填写，以免对研究结果造成干扰，谢谢！

本问卷用于科学研究，填写约需五分钟。

本调查受到教育部人文社科基金、北京市社科基金、新疆教育厅基金和北方工业大学基金项目的资助，在此表示感谢！

第一部分　公司品牌形象

（一）公司能力

1. 天山纺织公司实力非常强。
    ① 完全不同意
    ② 非常不同意
    ③ 不同意
    ④ 中立
    ⑤ 同意
    ⑥ 非常同意
    ⑦ 完全同意

2. 天山纺织公司创新能力很强。
    ① 完全不同意
    ② 非常不同意
    ③ 不同意
    ④ 中立
    ⑤ 同意
    ⑥ 非常同意
    ⑦ 完全同意

3. 天山纺织公司意味着高品质。
    ① 完全不同意

② 非常不同意

③ 不同意

④ 中立

⑤ 同意

⑥ 非常同意

⑦ 完全同意

（二）公司社会责任

4. 天山纺织公司具有社会责任感。

①完全不同意

②非常不同意

③不同意

④中立

⑤同意

⑥非常同意

⑦完全同意

5. 天山纺织公司大力支持公益事业。

①完全不同意

②非常不同意

③不同意

④中立

⑤同意

⑥非常同意

⑦完全同意

6. 天山纺织公司有良好的社会道德。

①完全不同意

②非常不同意

③不同意

④中立

⑤同意

⑥ 非常同意

⑦ 完全同意

第二部分　国家品牌形象

7. 中国在国际上拥有良好的综合国家形象。

　　① 完全不同意

　　② 非常不同意

　　③ 不同意

　　④ 中立

　　⑤ 同意

　　⑥ 非常同意

　　⑦ 完全同意

8. 来自中国的品牌很有创造性（经常使用新技术和生产技术的先进性）。

　　① 完全不同意

　　② 非常不同意

　　③ 不同意

　　④ 中立

　　⑤ 同意

　　⑥ 非常同意

　　⑦ 完全同意

9. 来自中国的品牌通常有很好的设计风格。

　　① 完全不同意

　　② 非常不同意

　　③ 不同意

　　④ 中立

　　⑤ 同意

　　⑥ 非常同意

　　⑦ 完全同意

10. 来自中国的品牌质量不佳。

　　① 完全不同意

② 非常不同意

③ 不同意

④ 中立

⑤ 同意

⑥ 非常同意

⑦ 完全同意

第三部分　区域品牌形象

11. 新疆具有独特的（地理、人造自然）要素禀赋。

　　① 完全不同意

　　② 非常不同意

　　③ 不同意

　　④ 中立

　　⑤ 同意

　　⑥ 非常同意

　　⑦ 完全同意

12. 新疆具有深厚的历史文化积淀。

　　① 完全不同意

　　② 非常不同意

　　③ 不同意

　　④ 中立

　　⑤ 同意

　　⑥ 非常同意

　　⑦ 完全同意

13. 新疆纺织产业具有优势。

　　① 完全不同意

　　② 非常不同意

　　③ 不同意

　　④ 中立

　　⑤ 同意

⑥ 非常同意

⑦ 完全同意

第四部分　品牌态度

14. 天山牌的羊毛衫值得我信任。

　　① 完全不同意

　　② 非常不同意

　　③ 不同意

　　④ 中立

　　⑤ 同意

　　⑥ 非常同意

　　⑦ 完全同意

15. 天山牌的羊毛衫对我具有吸引力。

　　① 完全不同意

　　② 非常不同意

　　③ 不同意

　　④ 中立

　　⑤ 同意

　　⑥ 非常同意

　　⑦ 完全同意

16. 我喜欢天山牌的羊毛衫。

　　① 完全不同意

　　② 非常不同意

　　③ 不同意

　　④ 中立

　　⑤ 同意

　　⑥ 非常同意

　　⑦ 完全同意

第五部分　购买意向

17. 我愿意购买天山牌的羊毛衫。
    ① 完全不同意
    ② 非常不同意
    ③ 不同意
    ④ 中立
    ⑤ 同意
    ⑥ 非常同意
    ⑦ 完全同意

18. 我打算以后更多地购买天山牌的羊毛衫。
    ① 完全不同意
    ② 非常不同意
    ③ 不同意
    ④ 中立
    ⑤ 同意
    ⑥ 非常同意
    ⑦ 完全同意

19. 我愿意向他人推荐天山牌的羊毛衫。
    ① 完全不同意
    ② 非常不同意
    ③ 不同意
    ④ 中立
    ⑤ 同意
    ⑥ 非常同意
    ⑦ 完全同意

第六部分　个人信息

20. 性别＿＿＿＿＿＿＿＿。
    ① 男

② 女

21. 年龄_____。

    ① 18 岁以下

    ② 18 ~ 24 岁

    ③ 25 ~ 30 岁

    ④ 31 ~ 34 岁

    ⑤ 35 ~ 40 岁

    ⑥ 40 岁以上

22. 教育程度_____。

    ① 高中及以下

    ② 大学专科

    ③ 大学本科

    ④ 硕士及以上

23. 月收入_____。

    ① 无收入

    ② 500 元以下

    ③ 500 ~ 1999 元

    ④ 2000 ~ 4999 元

    ⑤ 5000 ~ 1 万元

    ⑥ 1 万元以上

问卷调查到此结束，再次感谢您的参与！